CHRISTOPH HOHL

englisch

Der Business Communication Trainer

Dieser Business Communication
Trainer gehört:

_____

_____

Der Dito
Das beste Lernbuch

Der Business-Communication-Trainer

Christoph Hohl

Layout Jan Pfenninger, Zürich
Illustrationen Kaspar Flück, Solothurn
Michelle Panza, Baden; Voxin, Switzerland
Umschlag Jordy Oral, Zürich; Beat Reck, Zürich; Patrizia Villiger, Kilchberg
Lektorat Maggi Lussi Bell, Hirzel
Druck Steinmeier, Deiningen
Printed in Germany

Besonderer Dank gebührt:
Andres Mattle, Zürich,
für die Rechte an allem Material
aus unserem Werk «Please Write!»,
Alison Taylor für einige ausgezeichnete Texte
sowie dem Dream Team für Tonaufnahmen, bestehend aus:
Jennifer Davidson, Sylvia Day, Nibha Germann, Patricia Peggs,
Paul Day, Martin Knöß, David Roscoe, und
Digiton-Studio, Zürich

Erhältlich im Buchhandel

Direktbestellung & Information
www.e-dito.ch; www.e-dito.de

ISBN   978-3-9521442-6-8

Über den englischen Business-Communication-Trainer

Warum der Communication-Trainer?

Der Erfolg des Werkes «Der Business-Korrespon-
denz-Trainer» hat uns ermutigt, das bewährte
Werk weiter auszubauen: Daraus ist dieses
Buch entstanden. Außer dem gesamten unver-
änderten Inhalt des Vorgängers sind relevante
sprachliche Themen aus der Geschäftswelt
dazugekommen: Besuch im Büro empfangen,
Firma und Produkt präsentieren, Trends und
Entwicklungen beschreiben – alles wesentliche
Bereiche in der Businesswelt von heute. Mit diesen Ergänzungen ist auch der gesamte Stoffplan
für Kaufleute abgedeckt.

Dieses Buch ist anders – und besser. Denn wir
konzentrieren uns auf das Wesentliche und
erreichen durch eine gezielte Wiederholung, dass
das Entscheidende auch sitzt. Wir orientieren
uns ganz an der Praxis. Der Stoff wird so präsentiert, dass er leicht und natürlich aufgenommen
werden kann.

Sie lernen zum Beispiel das einfache ABCD-
Prinzip zum Aufbau von Briefen und können
jeden Absatz mit einem sicher erlernten Baustein
einleiten.

Zur Kontrolle Ihrer Lösungen hören Sie die beiliegende CD: So lernen Sie auch die Aussprache
neuer Wörter kennen und prägen sich die

Textbausteine zusätzlich über Ihr Gehör ein – ein
Vorteil, den Sie sicher schätzen werden. Das ist
das Prinzip des Lerntrainings.

Wem hilft der Trainer?

Der Business-Communication-Trainer ist der un-
entbehrliche Begleiter für alle, die im Geschäfts-
leben englisch korrespondieren und telefonieren,
für Selbststudium und Unterricht. Es bereitet
zudem gezielt auf anerkannte Sprachdiplome
wie das Cambridge Business English Certificate
oder das Diplom für Kauffrau/Kaufmann vor.
Das Buch eignet sich als Lern- und Nachschlage-
werk für jede Firma, die Kontakte in englischer
Sprache pflegt.

Wie ist der Business-Communication-Trainer aufgebaut?

In den ersten zwei Kapiteln werden Grundlagen
erarbeitet. Danach kann man das Buch von vorne
nach hinten durcharbeiten oder für einen Kommunikationsanlass einzelne Module wählen und
ein Kapitel in kurzer Zeit überblicken. Sie finden
alles sofort dank dem Index auf der letzten Seite.

Natürlich können Sie den Trainer auch zum
Nachschlagen gebrauchen. Das beiliegende Heft
enthält außer den Lösungen auch das Lernvoka-
bular nach Kapiteln und Seiten geordnet sowie
eine Liste der nützlichsten Wendungen.

Inhaltsübersicht

Tipps zur Benutzung

Vorne beginnen!

Erarbeiten Sie zunächst auf jeden Fall die Kapitel eins und zwei, damit Sie die Grundlagen für das Weitere haben. Dann arbeiten Sie im Buch nach hinten – oder Sie gehen zu einem Kapitel, das Sie gerade benötigen.

Wenn Sie aber gründlich durcharbeiten, profitieren Sie am meisten. Denn in jedem Kapitel wird wiederholt und geübt, was früher schon erklärt und geübt wurde. Bis es sitzt. Genau in dieser Wiederholung – mit den einfachen und präzisen Erklärungen, liegt die Stärke des Business-Communication-Trainers.

Rechtschreibprobleme?

Schreiben Sie doch Ihre Texte am PC – dank seinem Rechtschreibeprogramm zeigt er Ihnen fast alle Tippfehler sofort an! Arbeiten Sie nicht allzu lange aufs Mal. Eine halbe Stunde pro Sitzung genügt durchaus.

Ganz ohne Theorie geht es nicht!

Verschaffen Sie sich auf der Seite, wo Sie arbeiten, schnell den Überblick. Streichen Sie an, was für Sie neu ist. Merken Sie sich die Beispiele – eventuell sogar mit einer Lernkartei. Beginnen Sie dann mit den Übungen. Beachten Sie auch die Tipps.

Wo der Text auf CD vorhanden ist, empfehlen wir Ihnen, diesen immer mindestens einmal anzuhören. Sie lernen dabei auch unbewusst Neues dazu.

Unbekannte Wörter nachschlagen!

Wer mit dem Business-Communication-Trainer arbeitet, setzt nicht nur Hunderte von richtigen Wörtern, Wendungen und Formen ein, sondern liest auch unzählige englische Sätze. Nutzen Sie diese Gelegenheit: Schlagen Sie unbekannte Wörter nach – im griffbereiten Wörterverzeichnis im Beiheft.

Jede Übung sofort korrigieren!

Nur so erhalten Sie rechtzeitig das entscheidende Feedback. Wenn Sie nämlich einen Fehler machen, merken Sie das sofort, und Sie können ihn gezielt «verlernen». Sie werden staunen, wie schnell Sie sich verbessern. Übrigens ist das Korrigieren dank des separaten Lösungshefts äußerst einfach.

Wir wünschen Ihnen viel Spaß und Erfolg.

Verlag und Autor
Schönengrund, Juni 2017

1

Stil & Layout von Geschäftsbriefen
E-Mail oder Brief?

Kommunikationsanlass
Kurzmitteilung, Anfrage, Antworten

Geschäftsbereich
Bildung
Kurse

Textsorten

sind bestimmte Texte, wie etwa Briefe. Etwas genauer könnte man private Briefe und Geschäftsbriefe als zwei verschiedene Textsorten bezeichnen. Und auch die Geschäftsbriefe lassen sich weiter unterteilen, z. B. nach ihrem Zweck.

In diesem Buch, in dem es um Geschäftskorrespondenz geht, wird die Rede von folgenden Textsorten sein:

Stelleninserat, Lebenslauf (CV), Bewerbung, Eingangsbestätigung, Einladung, Dankesschreiben, Anfrage, Reservierung, Bestätigung, Beschwerde, Antwort auf Beschwerde, Mitteilung und Mahnung.

In der Praxis

sind Briefe langsam und teuer. Sie werden heute meist dann geschickt, wenn die Firma etwas mitsenden möchte – einen Katalog, ein Angebot, ein kleines Geschenk (z.B. bei Spendenaufrufen) oder einen Einzahlungsschein.

E-Mail oder Brief?

Die Begriffe «Brief» und «Mail» bzw. «E-Mail» bezeichnen nicht Textsorten, sondern beziehen sich auf die Art, wie ein Schreiben verschickt wird.

Interessant ist, dass die meisten Textsorten sowohl als Brief als auch elektronisch als Mail verschickt werden können. Man kann also auch formellere Botschaften als E-Mail versenden. Denn die Frage des Stils und der formalen Anforderungen hängt von der Textsorte und dem Empfänger des Schreibens ab.

Da Mails aber sehr schnell reisen, erlauben sie schnelle «Ping-Pong-Kommunikation»; bei diesem Hin und Her wird der Stil sehr schnell oft sehr informell.

Informell	Standardschreiben	Sehr formell
	E-Mail	
		Brief
Interne *Memos* respektive *Notizzettel* oder *kurze Frage* und *Antwort* in der internen Kommunikation.	Die meisten Standardbriefe wie *Anfragen, Reklamationen, Mitteilungen, Reservierungen, Bestätigungen* u. ä. können entweder als E-Mail oder als Brief versandt werden.	*Mahnung*; Begleitbriefe, die mit einem Postversand gehen; Schreiben, die eine erhöhte Wertschätzung ausdrücken sollen, wie etwa *gedruckte Einladungen, Dankesschreiben und Werbung.*

E-Mail – Kollegiale Kurzmitteilung

Sie finden in Ihrer Inbox einen Tipp Ihrer Kollegin von der Londoner Niederlassung.

Stil
Diese Mitteilung ist typisch für den informellen Informationsaustausch per Mail unter Bekannten.

Ungezwungene Sprache herrscht vor, man schreibt wie auf einer Postkarte an gute Freunde.

Typisch sind als Anrede «Hi» und als Schlussformel etwa «Best wishes», «See you soon» oder «Bye for now» und in den USA auch «So long».

E-Mail – Höfliche Anfrage

Sie schauen sich die empfohlene Internetseite an und schreiben unter «Kontakt» eine formelle Anfrage. Sie werden dabei von einer älteren Kollegin mit englischer Muttersprache unterstützt. Ihre Anfrage kommt wie folgt in Bath an:

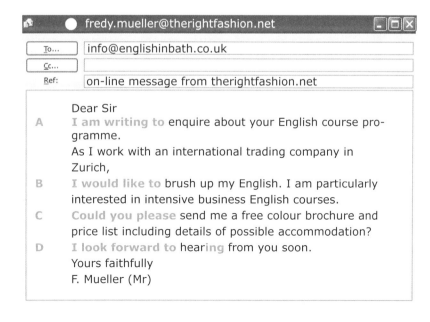

Mail in der Praxis
Diese Anfrage per Mail zeigt, dass Mails eigentlich nur ein Transportmittel oder eine Art des Versands sind.

Das elektronische Vehikel kann auch für formelle Schreiben benutzt werden, wie das nebenstehende Beispiel zeigt.

Im Alltag herrschen dennoch weniger formelle Mails vor, besonders im internen Schriftverkehr.

In Business-to-Business-Mails (B2B) sowie in Business-to-Customer-Mails (B2C) hält man sich an den Standard-Briefstil.

Mr/Ms nach dem Namen
Das wird häufig in Klammer angegeben, damit die Empfänger wissen, um welches Geschlecht es sich handelt.

Layout des englischen Geschäftsbriefes

Der Brief zeigt alle Elemente eines Geschäftsbriefes.

Briefkopf
Im beruflichen Umfeld wird Briefpapier mit dem Briefkopf der eigenen Firma verwendet. Es ist deshalb unnötig, die eigene Anschrift zu tippen.

Datum
Sie können das Datum auf unterschiedliche Art schreiben. Wir empfehlen eine schlichte und moderne britische Variante. Sie schreiben nur die Zahl, dann den Monat als Wort, dann das Jahr.

Empfängeradresse

Anrede

Dear Sir or Madam	Sehr geehrte Damen und Herren
Dear Sir/s	(an eine Firma, heute selten)
Dear Ms Smith	Sehr geehrte Frau … (moderne Form)
Dear Mrs Smith	Sehr geehrte Frau … (verheiratet)
Dear Miss Smith	Sehr geehrtes Fräulein … (unverheiratet)
Dear Mr Brown	Sehr geehrter Herr …
Dear Customer	Liebe Kundin, lieber Kunde

Betreffzeile
Betreffzeilen sind leserfreundlich. Eine Kontonummer, ein Firmenname oder ein Stichwort verrät auf einen Blick, worum es geht. Die Betreffzeile wird oft fett gesetzt, wenn sie vor der Anrede steht, und unterstrichen, wenn sie nach der Anrede steht.

Schlussformel
Yours sincerely bei Anreden mit Namen
Yours faithfully bei Anreden ohne Namen

Unterschrift und Name darunter getippt
Manche Unterschriften sind nicht extrem gut lesbar.

Position
Meist ein Titel oder Angabe zur Position, Funktion oder Abteilung.

Extra
Enc(s) Enclosure(s) für die Beilage, oft im Brief erwähnt.
cc   Früher machte man Durchschläge mit Kohlepapier, englisch «carbon copies». Bedeutung: «Kopie an».
P.S.   Nachsatz. Oft (handschriftlich) in Werbung, weil auffällig!
pp   Per Prokura (lat: per procurationem), deutsch ppa.

Layout in der Praxis
Die Darstellung kann variieren, aber wir schlagen vor, Sie verwenden die konsequent linksbündige Darstellung: Diese ist modern und übersichtlich.

Bei der selteneren eingerückten Form steht das Datum rechts, dann aber oft auch die Anschrift des Empfängers sowie der Unterschriftsblock.

Dear Sir oder Dear Mr Brown?
Verwenden Sie den Namen, sofern Sie ihn kennen.
Sie können auch vorher die Firma anrufen und den Namen der zuständigen Person erfahren, falls Ihnen eine persönliche Anrede wichtig scheint.

Referenz
Our ref: JH/ch
Your ref: FM
Dieses so genannte Aktenzeichen, das sich aus Buchstaben (z. B. Kürzel des Verfassers) und Zahlen (z. B. Kundennummer, Laufnummer) zusammensetzen kann, dient der Orientierung und erleichtert das Ablegen der Korrespondenz. Wenn beide Seiten eines Briefwechsels ein Aktenzeichen verwenden, so werden beide Zeichen erwähnt (Ihre Referenz/ Unsere Referenz).

Standardbrief – Freundliche Antwort

Sie erhalten auf Ihre Anfrage einen wunderschönen Prospekt
der Sprachschule mit folgendem Begleitbrief.

Bath Language Centre	Briefkopf
3 Bennett St	
Bath BA1 2QQ	
England	
Phone +44 1225 465 453	
Fax +44 1225 442 867	
27 April 2017	Datum
Fredy Mueller	Empfängeradresse
Boersenstrasse 10	
CH-8001 Zürich	
Switzerland	
Dear Mr Mueller	Anrede
Your inquiry of 26 April	Betreffzeile

Thank you for your email. I am pleased that you contacted us, as I am
sure we can provide the type of intensive business English course you
are looking for.

A wie Anlass

We are happy to enclose our full colour information pack with all the
details you require. You will see that one of our business courses is perfectly tailored to your needs, and we are convinced that you will enjoy
your course at our school.

B wie Botschaft

Please do not hesitate to contact me if you have any questions.

C wie Claro?

I hope to hear from you again soon.

D wie Dranbleiben

Yours sincerely	Schlussformel
James Hamilton	Unterschrift
James Hamilton	Name
Principal	Position
Enc.	Extra

© Der Business-Communication-Trainer, ISBN 978-3-9521442-6-8

Der Stil

Formeller Stil

Standardstil

Wem schreiben Sie? Sind Sie mit dem **Empfänger** kollegial verbunden oder auf geschäftliche Distanz?

Je weniger Sie den Empfänger kennen, desto formeller sollte Ihr Stil sein.

Je vertrauter Sie mit einer Person sind, desto umgangssprachlicher dürfen Ihre Formulierungen sein.

Sie wenden sich an eine Firma. Sie wissen nicht, wer Ihren Brief beantworten wird.

Feste Gruß- und Schlussformel

Knapper, sachlicher, unpersönlicher Stil; oft Passivformulierungen

Formelhafte Sprache

Keine Kurzformen mit Apostroph

Ihr Gegenüber ist ein Kunde oder Geschäftspartner. Er ist Ihnen mit Namen bekannt.

Feste Gruß- und Schlussformel

Einfacher, klarer, freundlicher Stil; Passivformulierungen, wenn Negatives mitgeteilt wird

Keine Kurzformen mit Apostroph

Standardbriefe kennen klar definierte **Grußformeln**

Dear Sir or Madam

Dear Ms Black
Dear Mr White

Schreiben Sie einfach und verständlich. **Passivformulierungen** sind formell.

I regret to inform you that...
... a mistake has been made (Passiv)

Having completed my training, ...

I am sorry to inform you that ...
... we have made a mistake
... there has been a mistake

After I completed my training ...

I look forward ist formeller als *I am looking forward*.

I look forward to hearing from you.

I am looking forward to hearing from you.

Klare Vorgaben in Bezug auf die **Schlussformel**.

Yours faithfully

Yours sincerely

Informeller Stil

Ihr Gegenüber ist ein vertrauter Arbeitskollege.

Gruß- und Schlussformel frei

Einfacher Stil, bei dem vieles erlaubt ist

Kurzformen mit Apostroph, Tippfehler werden verziehen

Privater Brief

Ihr Gegenüber ist eine persönliche Bekanntschaft.

Umgangssprachlicher Stil, bei dem vieles erlaubt ist.

Meist von Hand geschrieben. Vorsicht: Auch private Schreiben – etwa Trauerschreiben oder Glückwünsche – können höhere formelle Anforderungen stellen.

Passiv
Das Passiv steht in Standardbriefen dann, wenn Unangenehmes mitgeteilt wird.

Abkürzungen mit Apostroph
sind in formellen und in Standardbriefen nicht erlaubt:
~~There's been a mistake / I'm sorry to inform you that ...~~

Hi John
Dear Mary

I'm sorry I couldn't ...

When I finished ... I realised

I hope to hear from you soon.

Kind regards
Best regards

Hello Peter
Dear Dave
Hi Alison

I've just come back ... we've done it all wrong

When I finished the course, ...

Write back soon!

Love
Best wishes
See you soon

In der Praxis
gibt es für Kenner/innen viele kleine stilistische Feinheiten: Mit einem noch so feinen formelleren Ton können Sie die Empfängerin oder den Empfänger ein leichtes Befremden oder eine Distanz spüren lassen. Dies setzt allerdings sehr große Sprachkenntnisse voraus.

Der Standardstil
ist jedoch der häufigste Schreibstil im Business, auch in Mails. Auf diesen werden wir deshalb am meisten Gewicht legen.

1 Erste Textbausteine

Die höfliche Anfrage auf S. 9 umfasst zwischen Anrede und Schlussformel vier Teile. Schreiben Sie die Textbausteine in die Tabelle. Hören Sie dann die CD-Spur 2 zur Korrektur.

A	Anlass des Briefes Warum schreiben Sie?	
B	Botschaft Worum geht es genau?	
C	Claro? Was ergibt sich? Aufforderung, Folgerung, Dank	
D	Dranbleiben Wie soll es weitergehen?	

2 Welcher Stil?

Setzen Sie passende Ausdrücke von Seite 12 und 13 ein, 1-3 Wörter pro Lücke.

_____ Mr Mueller

I am _____ you that there is no intensive business English course on the dates you would like.

_____ a mistake in our brochure.

However, we have other courses we could recommend to you and can offer excellent one-to-one tuition.

_____ forward to _____ from you soon.

Yours _____

James Hamilton

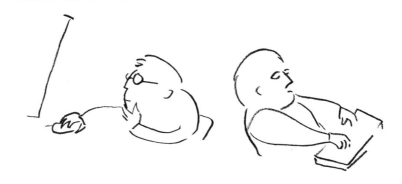

Training Textbausteine

3 Ihre besten Werkzeuge sind die Textbausteine. Setzen Sie die zum deutschen Ausdruck am Rand passenden Wendungen aus dieser Lektion ein. Lernen Sie diese Tools auswendig.

1	_____ our business course …	1 Sie werden sehen, dass
2	_____ hearing from you.	2 Ich freue mich darauf, … zu
3	_____	3 Bitte zögern Sie nicht, mich zu kontaktieren, falls Sie Fragen haben
	_____	4 Ich möchte gerne
4	_____ brush up my English.	5 Wir können sicher
5	_____	6 Besten Dank für
6	_____ your email …	7 Wir sind überzeugt, dass
7	_____ you will enjoy …	8 Es freut mich, dass
8	_____	9 Ich möchte Sie anfragen betreffend
9	_____ about …	10 Wir freuen uns sehr
10	_____ enclose our …	11 Könnten Sie bitte
11	_____ send me a brochure …	

b Hören Sie zur Kontrolle erst die CD-Spur 3. Benützen Sie dann das Lösungsheft.

4 **Wählen Sie den besten Ausdruck.**
Streichen Sie die unpassenden englischen Textbausteine.

1 *02.03.2017/ The second of March 2017/ 2 March 2017*

Dear Ms Munro

2 *Thank you for/Thanks for/I am writing to thank you for* your invitation …

3 *Can you/Will you/Could you* possibly let me know if …

4 *Please don't hesitate/do not hesitate/never hesitate* to …

5 I am looking forward *hearing/to hearing/to hear* …

6 *Yours faithfully/Yours sincerely/Best wishes*
John Fitzgerald

7 *Inlays/Enclosures/Addings*

Training Schlüsselbegriffe

5 Zu jedem Thema benötigen Sie einen Vorrat an passenden Ausdrücken. Setzen Sie diese Begriffe von den vorhergehenden Seiten ein.

1 Handelsfirma
2 besonders interessiert
3 Broschüre
 Preisliste
4 Unterkunft
5 Anfrage
6 anbieten, liefern
 benötigen, erfordern
7 maßgeschneidert, auf Ihre
 Bedürfnisse zugeschnitten
8 bedaure
9 empfehlen
10 anbieten

1 We are an international _____

2 I am _____ in

3 Could you please send us a _____

 and a _____

4 Can you provide _____ for us?

5 Thank you for your _____ about

6 I am sure we can _____

 the course you _____

7 This course is _____

8 I _____ inform you that

 there is a delay in our delivery of the goods you require.

9 I would re_____ that you cancel the order.

10 We can _____ you excellent one-to-one tuition.

© Der Business-Communication-Trainer, ISBN 978-3-9521442-6-8

b Hören Sie zur Kontrolle erst den Text auf der CD-Spur 4
 und kontrollieren Sie dann mit dem Lösungsheft.

Fitness-Test

6 **Testen Sie Ihren Erfolg.**
Vervollständigen Sie den Text.

1   Dear Sir or Madam → Yours _____

2   Dear Ms Smith → Yours _____

3   Please d__ not hes_____ to con_____ me …

4   … _____ you ha___ any further ques_____.

5   We are conv_____ that you will

6   I am wr_____ to enq_____ ab_____

7   I ____ looking fo_____ to he_____ from
    you soon.

8   Co_____ you pl_____ call me to

9   I reg_____ to in_____ you about a delay

10 Could you possibly rec_____ a good school?

11 Can you provide acco_____ for me during
    my stay?

12 I ho___ to _____ from you soon.

13 What exactly do you req_____?

14 For your information, I en_____ …

15 … a br_____ with all the details …

16 … as well _____ a pri_____ li_____.

17 I am s_____ to in_____ you that …

18 … there is a d_____ in …

19 … del_____ of your order.

20 Do you wi_____ to can_____ the order?

Schreibtraining – Please Write!

7 **Internes Standard-E-Mail**
Sie arbeiten in der Personalabteilung im Londoner Hauptsitz.
Sie haben via Mail eine Anfrage nach internen Weiterbildungs-
möglichkeiten erhalten. Schreiben Sie zurück, mit Kopie an
Sue Smith, die Herrn Müller den Tipp gegeben hat (→ S.9):

- Bedanken Sie sich und zeigen Sie Interesse.
- Fragen Sie, welche Fertigkeiten gemeint sind.
- Versichern Sie, dass Sie einen maßgeschneiderten Kurs
  anbieten können.
- Schlagen Sie ein Treffen anlässlich Ihrer Reise nach
  Zürich vor.

a Versuchen Sie die Lücken zu erraten und füllen Sie
sie vorsichtig mit Bleistift.

---

jenny.taylor@therightfashion.co.uk

To... fredy.mueller@therightfashion.net
Cc... sue.smith@therightfashion.co.uk
Ref: Language school

A _____ email _____
about our training services.
B _____ we can help you as we design
courses for each co-worker's _____ .
C _____ you therefore _____ let me know
exactly which language skills you _____ ? I am
_____ we can _____ a course
which is perfectly _____
_____ .
D We _____ discuss this on my visit to Zurich
_____ 16 September. I _____ call you to arrange
a date and time.
Yours _____
J. Tailor

---

b Hören Sie nun, eventuell mehrmals, den Text auf der
CD-Spur 5. Notieren Sie dabei die fehlenden Ausdrücke auf
ein Blatt oder schreiben Sie den ganzen Text ab CD.

c Vergleichen Sie dann. Kontrollieren Sie alles mit dem
Lösungsheft. Tragen Sie die Lösung ins Buch ein.

Briefvorlagen

Anfordern von Information zu einem Produkt

Dear Sir or Madam
I am writing to ask for details on your (product) *as advertised* in the (newspaper) on Monday (date).
We import and export (product) and we are convinced that there is *a promising market* for your products here.
Could you possibly send us *a detailed description* of your (product) *as well as* a catalogue and your *conditions*? We will then evaluate the *demand*.
We look forward to your early reply.
Yours faithfully
(signature)

das Sie ausgeschrieben haben

ein vielversprechender Markt
genaue Beschreibung
wie auch / Geschäftsbedingungen
Nachfrage

Anfordern von Unterlagen

Dear Sir or Madam
As I work with a bank in Frankfurt, I would like to visit the London Stock Exchange.
I am particularly interested in receiving and distributing market data of companies in Asia and the Far East.
Could you please send me any information about how to organise my visit?
Thank you for your early reply.
Yours faithfully

W. Illing

A Anlass

B Details

C Aufforderung

D Kontakt

2

Das ABCD-Prinzip

Klarer Aufbau von E-Mail und Brief

Liste zentraler Textbausteine

Kommunikationsanlass

Reservierungen

Geschäftsbereich

Tourismus
Reisen
Hotel

Der Textaufbau in der Geschäftskorrespondenz

A wie Anlass – Warum schreiben Sie?

Ein bewährtes Prinzip
Die meisten Botschaften im Business lassen sich einfach in vier Teile zerlegen.
Bauen Sie Ihre Business-Kommunikation deshalb auf diesen vier Teilen auf:
A, B, C und D.

Thank you for _ your letter _ your enquiry/inquiry _ your order of	**Besten Dank für** _ Ihren Brief _ Ihre Anfrage _ Ihre Bestellung vom
With reference to **Further to** _ your letter of 2 May _ your advertisement in The Times	**Wir beziehen uns auf** _ Ihren Brief vom 2. Mai _ Ihr Inserat in der Times
We regret to **We are sorry to** _ inform you that	**Wir bedauern** **Leider müssen wir** _ Ihnen mit(zu)teilen, dass
We are pleased to _ inform you that	**Wir freuen uns** _ Ihnen mitzuteilen, dass
I am writing to _ enquire/inquire about _ confirm _ apologise/apologize for	**Gerne möchte ich** _ mich erkundigen nach _ bestätigen _ entschuldigen wir uns
I am writing to complain about	**Leider bin ich gar nicht zufrieden mit**

Kommen Sie zur Sache
Und zwar am besten schon im ersten Satz.
Sehr oft muss die Person, die den Brief öffnet, nur wissen, wen oder was er betrifft.

Geschäftskorrespondenz muss kurz, klar und höflich sein.

© 2017 Der Business-Communication-Trainer, ISBN 978-3-9521442-6-8

B wie Botschaft – Worum geht es genau?

1 Sie geben nähere Details bekannt.

Vollständig informieren
Dieser wesentliche Teil des Briefes braucht nicht lang zu sein, aber er muss alle Informationen enthalten, die der Empfänger benötigt.
Dabei sind zwei Funktionen möglich: Einzelheiten anführen oder Bedürfnisse äußern.

First of all	**Zunächst**
Unfortunately	**Leider**
I am afraid (that)	**Leider**
According to	**Gemäß / laut**

2 Formulieren Sie, was benötigen oder erwarten.

We would like to	**Wir möchten**
We are particularly interested in	**Besonders interessiert uns**
I would be pleased to	**Ich würde gerne**

C wie Claro? – Was ergibt sich daraus?

1 Aufforderung

Please let us know	**Teilen Sie uns bitte mit**
_ if / when / where	_ ob / wann / wo
_ the conditions	_ die Bedingungen

Auf den Punkt bringen
Das leistet dieser kurze Absatz.
Er kann eine oder mehrere der
folgenden Funktionen beinhalten:

Could you please	**Könnten Sie bitte**
_ send us your catalogue	_ uns Ihren Katalog senden
May I ask you	**Darf ich Sie bitten**
_ to advise me of	_ mich zu informieren über

Aufforderung

We suggest that	**Sie könnten**
_ you allow/grant us a 5% discount	_ uns 5% Rabatt gewähren (Wir schlagen vor, Sie gewähren)

2 Folgerung

We hope (that)	**Wir hoffen, (dass)**
(I am sure) you will agree (that)	**(Bestimmt) sind Sie einverstanden, (dass)**
We would therefore	**Deshalb würden wir**

Folgerung

3 Dank

Thank you for	**Besten Dank / Danke für**
_ your help	_ Ihre Hilfe
_ considering	_ Ihre wohlwollende Prüfung

Dank

D wie Dranbleiben – Wie soll es weitergehen?

Please do not hesitate to contact me	**Zögern Sie nicht, mich anzurufen,**
_ if we can help in any way	_ falls wir behilflich sein können
_ if you have any questions	_ falls Sie noch Fragen haben

Wer ist am Ball?
Wie verläuft die weitere Kommunikation?
Rufen Sie mich an oder ich Sie?
Senden Sie mir etwas?
Oder bin ich dran?
Hier wird sozusagen der Ball weitergespielt.

I will call you to	**Ich rufe Sie an, um**
_ make an appointment	_ einen Termin zu vereinbaren

I look/am looking forward	**Ich freue mich**
_ to hearing from you	_ darauf, von Ihnen zu hören
_ to your early reply	_ auf Ihre baldige Antwort
_ to receiving your answer	_ Ihre Antwort

Fax – Eine Reservierung vornehmen

8 Lesen Sie das folgende Fax genau und ergänzen Sie die Lücken mit den passenden Textbausteinen.
Schreiben Sie dann die ABCD-Ausdrücke auf die Linien links.

TEC Export GmbH ◇ Heinrich-Hertz-Str. 17 ◇ D-68199 Mannheim

Fax Message

To	Grand Hyatt Shanghai	From	Dietrich Siems
Fx No	+86 21 5049 1111		+49 (0) 621 975 260
Ph No			+49 (0) 621 975 240
Subj	Reservation		
Pg/s	1 of 1	Date	12 Feb 20 . .

Dear Sir or Madam

I am _____ book 6 twin-bedded rooms at your hotel from 4 to 6 July.

I am _____ in deluxe rooms with ensuite facilities and internet connections.

_____ you _____ confirm my reservation by return and provide me with your rates for half-board?

I look _____ your _____ reply.

Yours _____

Dietrich Siems
Sales Department

A   wie *Anlass*
Gerne buche ich

B   wie _____
Ich bin besonders interessiert

C   wie _____
Könnten Sie bitte

D   wie _____
Ich freue mich auf

---

b   Hören Sie nun die CD-Spur 6.

9   **Schlüsselwörter** – Übersetzen Sie die Ausdrücke am Rand.

1   ein Zweibettzimmer buchen
2   Bad und Dusche im Zimmer
3   Buchung umgehend bestätigen
4   Zimmerpreise
5   Halbpension

1   _____
2   _____
3   _____
4   _____
5   _____

Fax – Eine Reservierung bestätigen lassen

 Die folgende Fax-Antwort ist etwas durcheinander geraten. Die Teile A, B, C und D sind nicht in der richtigen Reihenfolge. Schreiben Sie zu jedem Absatz, um welchen Teil es sich handelt.

Schlagen Sie dann die unterstrichenen Ausdrücke im Vokabular nach.

Grand Hyatt Shanghai
Jin Mao Tower
88 Century Boulevard, Pudong,
Shanghai
People's Republic of China

Fax Message

To	Dietrich Siems	From	Grand Hyatt Shanghai
Fax	+49 621 975 260		+86 21 5049 1111
Phone	+49 621 975 240		+86 21 5049 1234
Subj	Your Reservation		
Pg /s	1 of 1	**Date**	13 Feb 20 . .

Dear Mr Siems

May I ask you to reconfirm your reservation at a <u>corporate rate</u> of $118 per person per night? The total <u>amount</u> is $2,832, and a <u>deposit</u> of $1,400 should be paid by the end of March. The <u>remainder</u> is <u>due</u> on checking in.

6 twin-bedded rooms for two nights from Friday, 4 July, to Sunday, 6 July. Half board.

Please contact me again if I can help in any way.

With reference to your fax of 12 Feb, I am writing to confirm your booking as follows:

Kind regards

Sheila Turner
Sheila Turner
Hotel Manager

1 _____

2 _____

3 _____

4 _____

Städtenamen
In der Regel schreibt man die Städtenamen im Englischen so wie in der jeweiligen Ländersprache.

In England gut bekannte Städte haben aber durchaus einen eigenen englischen Namen (manchmal aus dem Französischen übernommen).

Ein paar Beispiele:
Munich, Vienna, Geneva, Brussels, Nice, Milan, Rome, Naples, Venice.

Der richtige Ton
Mit «Kind regards» wird ein leicht persönlicher Ton angeschlagen. Das passt hier – beim Hotel – gut.

Training Textbausteine

11 Setzen Sie die zum deutschen Ausdruck am Rand passenden Textbausteine ein.

1 _____ your advertisement

2 _____ our booking

3 _____ that you allow us 10% on

4 We _____ th _____ be prepared to

5 _____ let us know

6 _____ to make an appointment

7 _____ call me to fix

8 _____ our conditions are

9 _____ you will be able to

10 _____ I would like to thank you for

11 I _____ that there was a delay

12 ... _____

_____

13 With _____ your letter of

14 _____ inform you that

15 _____ to communicate that

1 Gemäß, laut
2 Gerne bestätige ich
3 Wir schlagen vor
4 Deshalb würden wir
5 Könnten Sie vielleicht
6 Ich werde Sie anrufen, um
7 Darf ich Sie bitten, zu
8 Sie werden einverstanden
   sein, dass
9 Wir hoffen, dass
10 Zunächst
11 Leider
12 wenn Sie noch Fragen haben
13 Wir beziehen uns auf
14 Wir freuen uns
15 Wir bedauern

b Hören Sie zur Kontrolle die CD-Spur 7. Sehen Sie dann im Lösungsheft nach.

12 **Stil**
Markieren Sie den formelleren Ausdruck.

1 I *look / am looking* forward to hearing …

2 Yours *faithfully / sincerely*

3 I *regret to / am sorry to* inform you that …

4 *Could you possibly / May I ask you to* call me to …

5 *You could / We suggest that you* grant us a 5% discount …

6 We were *pleased / happy* to receive your …

Training Schlüsselbegriffe

13 Kreuzwort

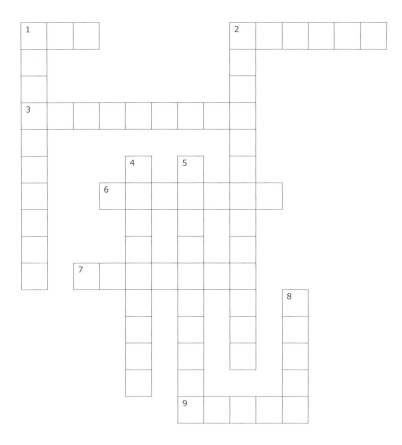

ACROSS
1 fällig
2 Betrag
3 sich entschuldigen
6 Anzahlung
7 bestätigen
9 Verkäufe

DOWN
1 Abteilung
2 Inserat, Annonce
4 rückbestätigen
5 Bedingungen
8 Tarife

14 Weitere Schlüsselwörter

1 (sich beschweren) I am writing to _____ about

2 (Termin) I will call to arrange an _____

3 (baldige Antwort) Thank you for your _____

4 (Buchung) Please confirm your _____

5 (umgehend) _____

6 (Restbetrag) The _____ is due on check-in

7 (wie folgt) We confirm your booking _____

Training Schlüsselbegriffe

15 **Ferienhaus gefragt**
Lesen Sie den Brieftext. Einige Begriffe wurden aus dem
Text entfernt. © Der Business-Communication-Trainer, ISBN 978-3-9521442-6-8

a   Setzen Sie die Begriffe mit Bleistift ein. Die Ausdrücke am Rand
dienen als Anhaltspunkte. Textbausteine sind grün gesetzt.

A
Anzeige

Unterkunft

B
Haus

mehr Auskunft darüber

C
verfügbar

zur Verfügung

empfehlen

vorschlagen / geeignet

D
schätzen

---

12 March 2017

Dear Sir or Madam

I refer to your _____ for holiday

_____ which I saw in yesterday's Daily Times.

I am interested in the _____ in Scotland and would be grate-

ful if you could give me some more _____

_____ it.

Firstly, I would like to know if it is _____ for the first

two weeks of July. If so, could you also tell me if electricity is inclu-

ded in the price and if sheets and towels are _____?

Finally, is it easy to reach this house by public transport or do you

_____ hiring a car?

If the house is not available on these dates, could you please

_____ another house which is _____ for

four people?

I look forward to hearing from you and would also

_____ receiving a brochure.

Yours _____

Andrea Raleigh
Andrea Raleigh

---

b   Hören Sie nun die CD-Spur 8 und überprüfen Sie Ihre
Lösungen. Kontrollieren Sie den Text dann mit dem Beiheft.

Fitness-Test

16 **Vervollständigen Sie den Text.**

1 Dear Sir or Madam → Yours _____

2 Dear Ms Smith → Yours _____

3 Please do not _____ to _____ me …

4 … _____ you have _____ questions.

5 We are con_____ that you will

6 I am p_____ to co_____ your order

7 I am _____ forward to h_____ …

8 With _____ to your letter of

9 U_____ , there was a delay in

10 Could you po_____ let u__ k_____ …?

11 Fu_____ to your mail … , I _____ like to

12 Ac_____ to your advertisement

13 M_____ I a_____ you to send us …?

14 I su_____ that we meet at

15 You will _____ that this attractive discount

16 I am writing to apo_____ for the delay

17 Could you g_____ us a discount of …?

18 A depo_____ of 50% of …

19 … this am_____ is due on booking …

20 … and the rem_____ is to be paid on checking in.

Kurztest

A wie _____

B wie _____

C wie _____

D wie _____

Schreibtraining – Please Write!

17 **Hotel wegen Reservierung anfragen**
Sie arbeiten in einer Reiseagentur. Ein sehr guter Kunde sendet
Ihnen folgende Mail, die Sie allerdings noch vervollständigen
müssen:

I'd _____ to spend ten days in Malta from 15 Oct with my wife

and our two children. _____ you please re_____

a good hotel?

Thanks.

Tony Maloney

---

18 Schreiben Sie nun eine formelle Anfrage per Mail an die
besten Hotels in Malta.
Berücksichtigen Sie dabei alle Punkte am Rand.

a Füllen Sie die Lücken zunächst mit Bleistift.

- Fragen Sie nach einer Suite für die Familie.

- Erkundigen Sie sich, ob im Hotel italienisches Essen erhältlich ist.

- Ist ein Kinderhütedienst oder Kinderklub vorhanden?

- Fragen Sie nach Einrichtungen für Geschäftsleute.

- Bitten Sie um Information, ob solche in der gewünschten Zeit frei sind und fragen Sie nach dem Preis.

● susan.sample@GlobeTours.net ⎯ ☐ ✕

To...	
Cc...	sue.smith@therightfashion.co.uk
Ref:	Enquiry

Dear Sir or Madam

A We are _____ about

a suite for a family with two children.

B We are _____ know whether you

serve _____ _____, and if _____

a babysitting _____ or a children's club?

_____ also let us _____ what

_____ the hotel _____ for

_____ people.

C Finally, _____ we _____ you to _____ us

if such rooms are _____ from 15

_____ 25 October, and to _____ your most favourable

_____?

D We look _____ reply.

Yours _____

S. Sample

---

b Hören Sie den Lösungsvorschlag auf CD-Spur 9 und ergänzen
Sie den Text. Kontrollieren Sie dann mit dem Lösungsheft.

Briefvorlagen

Negativer Bescheid bezüglich Ihrer Reservierungsanfrage (Vergleichen Sie Aufgabe 18; hier sagt das Hotel ab).

Dear Ms Sample

We were pleased to receive your e-mail of (date) *requesting* (family rooms).

mit dem Wunsch nach

However, I regret to inform you that for the dates you *mention* we have *no vacancies due to* a conference at our hotel.

allerdings, aber / erwähnen

keine Zimmer frei / wegen

We hope you will be able to find suitable rooms in one of the other hotels (in Malta).

Please feel free to contact me if you *require* any further *assistance.*

wünschen, benötigen

Hilfe

Yours sincerely

Laura Lees

Laura Lees

Reservations Manager

Definitive Buchung

Dear Mr Cassar

I am writing to inform you that I would like to book from (15 Sep) to (24 Sep).

Please reserve (the executive suite on the west side of the hotel) and a table for four at the Rizzi restaurant on the first evening.

We will require a *quiet spot* with a table for a meeting at 10am on 16 Sep.

ruhigen Ort

Could you please confirm this by return?

Yours sincerely

Susan Sample

Susan Sample

3

Kommunikationsanlass
Termine vereinbaren
Telefon & Memo

Geschäftsbereich
Schulung
Software
Informatik

Telefon – Erste Kontaktnahme

19 **Erster Versuch**

Sie haben Ihre Schulungssoftware auf der Messe präsentiert und mit Interessierten gesprochen. Jetzt rufen Sie den Personalchef einer Telefongesellschaft an, um einen Termin zu vereinbaren.

a   Lesen Sie das Gespräch und erraten Sie die Lösung – wo es geht – mit Hilfe der Angaben am Rand. Schreiben Sie nur mit Bleistift.

am Apparat

behilflich sein

hier spricht

Wie bitte? / wiederholen

möchte sprechen

Messe

Bleiben Sie dran / verbinde

Leider

eine Mitteilung machen

Könnten Sie

buchstabieren

verstehe / Sie zurückrufen

«Bitte!»

A: Swiftcom, Geoffrey Brown _____. How can I _____ you?

B: Good morning, _____ ___ Patrick Sch_____ from Softeach in M_____.

A: _____? (Pause) Sorry? Could you _____ that please?

B: So_____. In M_____. Germany. (Pause) I'd _____ ___ _____ to James Delaney. We met at the _____ _____ and I'd like to see him again.

A: _____ _____, please. I'll _____ you _____.

B: Thank you.

A: Mr Sch_____, _____ _____ Mr Delaney is busy at the moment. Can I _____ ___ _____?

B: Yes, please. _____ ____ ask him to call me back on 0049_____? That's 0049 _____

A: Could you _____ your surname please?

B: Yes, it's Sch_____.

A: Sch_____?

B: No, _____.

A: Oh, I _____. OK. He will _____ you _____ as _____ as possible.

B: Thank you.

A: You're _____. Bye.

B: Bye.

b   Hören Sie nun die CD-Spur 10 zur Kontrolle und setzen Sie die fehlenden Angaben ein.

Memo – Telefonnotiz

20 Telefonnotiz

Geoffrey Brown (Siehe Übung 19) muss seinen Chef benachrichtigen. Erledigen Sie das. (Haupttext 30-40 Wörter)

Memo

To: _J. Delaney_____

From: _____

Date: _____

Re: _____

Patrick _____

_____

_____

_____

Memo in der Praxis

1 Der obere Teil sieht aus wie
eine Mail. Es gibt in vielen
Firmen vorgedruckte Memo-
blocks. Das Memo ist äußer-
lich der Vorläufer der Mail.
Setzen Sie das Nötige ein.

2 Verzichten Sie auf eine
Anrede.

3 Bleiben Sie klar, knapp und
sachlich.

4 Verzichten Sie auf Schlussformel und Unterschrift.

21 Zweiter Versuch

Sie haben eine Woche nichts von Herrn Delaney gehört.
Sie rufen nochmals an.

a Lesen Sie das Gespräch und ergänzen Sie den Text bis *.

A: Swiftcom, Alice Bond _____. How can I help you?

B: Hello. Can I _____ James Delaney please?

A: _____ Mr Delaney is at a conference in Brussels
today. _____ you _____ to leave a _____?

B: Well, I called a week ago and left a message but Mr Delaney
never called back.

A: Oh, I'm terribly _____. Well, it _____ be best to
send him an _____.

B: OK then, could you give me his email _____? *

A: Of course. It's _____

B: OK, _____ ?

A: No, not, _____ ,
but _____@swiftcom.co.uk.

B: OK. I see. Thank you very much.

A: Not at all. Bye.

**«Bitte» – ein vielseitiges
Wörtchen**

Sie möchten etwas – Please.
Jemand möchte etwas von Ihnen
– Can I help you?
Bitte nicht! – Please don't.
Wie bitte? – Pardon? Sorry?
Sie geben jemandem etwas: Bitte
sehr. – Here you are.
Bitte, nach Ihnen! – Go ahead/
After you!

Und als Antwort auf «Thank you»
You're welcome.
Not at all.
Don't mention it.
Pleasure.

b Hören Sie die CD-Spur 11 zur Kontrolle. Füllen Sie die
restlichen Lücken.

Training Telefon

Zeichen

1 am Apparat
2 Wie kann ich behilflich sein?
3 Ich möchte ... sprechen
4 Bleiben Sie bitte dran
5 Ich verbinde Sie mit ...
6 Tut mir schrecklich leid
7 Bitte? Bitte wiederholen Sie!
8 eine Mitteilung aufnehmen
9 Könnten Sie ... bitten
10 Hier spricht
11 Aha, verstehe
12 Leider
13 Eine Nachricht hinterlassen
14 Es wäre vielleicht das Beste
15 zurückrufen
16 Könnten Sie das bitte buch-
    stabieren?

(22) Schlüsselbegriffe
Übersetzen Sie die Ausdrücke links.

1 _____
2 _____
3 _____
4 _____
5 _____
6 _____
7 _____
8 _____
9 _____
10 _____
11 _____
12 _____
13 _____
14 _____
15 _____
16 _____

© Der Business-Communication-Trainer, ISBN 978-3-9521442-6-8

Training Mailadressen

Mailadresse in der Praxis
Ein paar nützliche Zeichen

@ at
. dot
– dash
_ underscore
: colon
/ slash
\ backslash
* asterisk
& ampersand, and sign
% percent
~ tilde
¨ umlaut

(23) Satzzeichen
Hören Sie die CD-Spur 12, so oft Sie wollen, und schreiben Sie die Adressen auf.

1 _____
2 _____
3 _____
4 _____
5 _____
6 _____
7 _____
8 _____
9 _____

Das Alphabet finden Sie im Beiheft und auf der CD-Spur 50.

E-Mail – Terminanfrage

 24 **Präpositionen**

Herr Schmitt sendet Herrn Delaney nun eine Mail.
Setzen Sie die Präpositionen ein.

---

p.schmitt@softeach.de

To... James_Delaney@Swiftcom.co.uk
Cc...
Ref: Planning to meet you

Dear Mr Delaney

As I am travelling ____ England ____ business ____ the beginning
____ October, I would like to make an appointment _____
you.

I would be pleased to show you the latest version ____ the training software which you expressed an interest ____.

Would it be possible to meet ____ either Tuesday, 13 or Wednes-
day, 14 October? If not, please do not hesitate to call me to fix
a date and a time.

I am looking forward to hearing _____ you soon.

Yours sincerely
P. Schmitt

Softeach GmbH
Patrick Schmitt
Director
Fon: +49 (0) 89 67 78 91-49
Fax: +49 (0) 89 67 78 91-169

Agenda-Zukunft
Patrick Schmitt beginnt mit
«As I am travelling ...» – wobei er
von der Zukunft spricht.
Als Zeitform verwendet er die
-ing-Form der Gegenwart, das
Present Continuous.
Dies ist üblich, wenn man von
Terminen oder zeitlichen Verein-
barungen für die Zukunft spricht.
Man spricht deshalb auch von
Agenda-Zukunft.

---

25 **Training Agenda-Zukunft**

Übersetzen Sie die Sätzchen am Rand.

0 *I am travelling to Berlin in May.* _____

1 _____

2 _____

3 _____

4 _____

5 _____

6 _____

0 Ich reise im Mai nach Berlin
1 Ich fliege Morgen nach Genf.
2 Sie reist am Montag ab.
3 Was tun Sie am Samstag?
4 Ich treffe den GD um 11 Uhr.
5 Ich gehe nicht zur Konfe-
  renz.
6 Er fährt nächste Woche (mit
  dem Wagen) nach München.

E-Mail – Terminbestätigung

Patrick Schmitt erhält die folgende Bestätigung per Mail:

Dear Mr Schmitt

Further to your email requesting a meeting I would like to inform you that the Staff Manager, Mr Delaney, will be pleased to welcome you here at 10:00 on Tuesday, 13 October, if this is convenient for you.
If you have the time, Mr Delaney will arrange for a business lunch after the meeting.
Could you possibly reconfirm the appointment?
I look forward to your kind reply.
Yours sincerely
Judy Jones
P.A. to J. Delaney

P.A. = Personal Assistant (to)

Kurze Rückbestätigung

Patrick Schmitt reagiert sofort:

Dear Ms Jones
Thank you for your message and for arranging lunch.
I am looking forward to our meeting.
Yours sincerely
Patrick Schmitt

26 **Memo schreiben**
Judy Jones legt ihrem Chef ein Memo auf den Tisch und trägt den Termin in seine Agenda ein. Tun Sie das. Mehr Info am Rand.

Was muss aufs Memo?

- Name des Besuchers (vermutlich schon bei Re:)
- Ort und Zeit des Treffens
- Sie haben schon im Regent Café reserviert.
- Termin eingetragen

Schreiben Sie 20-40 Wörter

Memo

To: J. Delaney _____

From: _____

Date: _____

Re: _____

_____

_____

_____

Training Textbausteine

27 Setzen Sie ein. Finden Sie dann die passende Über-
setzung rechts und verbinden Sie mit einer Linie.

1   I am l _ _ _ _ _ _ for _ _ _ _ to hea _ _ _ _ from you s _ _ _

2   I lo _ _ forward _ _ your e _ _ _ _ reply.

3   Please _ _ not hesi _ _ _ _ to ca _ _ me on (number)

4   You expr _ _ _ _ _ an int _ _ _ _ _ in …

5   Fur _ _ _ _ to yo _ _ email requ _ _ _ _ _ _ a meeting

6   I wi _ _ be plea _ _ _ to wel _ _ _ _ you here

7   I wo _ _ _ like to inf _ _ _ you

8   Co _ _ _ you pos _ _ _ _ _ reco _ _ _ _ _

9   … if th _ _ is conv _ _ _ _ _ _ for y _ _.

10   I would li _ _ to ma _ _ an appo _ _ _ _ _ _ _ with you

a   Mit Bezug auf Ihre Mail mit
der Bitte um einen Termin …

b   Gerne teile ich Ihnen mit …

c   Ich werde sie gerne hier be-
grüßen

d   … falls das Ihnen gut passt

e   Könnten Sie … vielleicht
rückbestätigen

f   Ich freue mich auf Ihre baldige Antwort

g   Ich möchte mit Ihnen einen
Termin vereinbaren

h   Sie haben Ihr Interesse
bekundet an …

i   Sie erreichen mich jederzeit
unter …

j   Gerne höre ich bald von
Ihnen

28 **Repetition**
Setzen Sie die erweiterten englischen Textbausteine
ein.

1 _____

2 _____

3 _____

4 _____

5 _____

6 _____

7 _____

8 _____

9 _____

10 _____

1   Ich werde Sie anrufen, um
einen Termin zu vereinbaren.

2   Wäre es möglich, uns auf der
Messe zu treffen.

3   Mit Bezug auf Ihre E-Mail vom …

4   Laut Ihrem Inserat in …

5   Wir bedauern, Ihnen mitzu-
teilen …

6   Darf ich Sie bitten zu
bestätigen …

7   Wir würden deshalb vorschlagen

8   Bestimmt sind Sie einverstanden, dass …

9   Es wäre vielleicht das Beste,
jetzt zu buchen.

10   Wir sind überzeugt, dass

Brief – Terminverschiebung

J. Delaneys Mitarbeiter George Brown möchte zu einer Fachkonferenz über Computer gehen. Er erhält vom Veranstalter den folgenden Brief.

29 Schlüsselpassagen

a Vervollständigen Sie den Text mit Hilfe der deutschen Angaben am Rand. Arbeiten Sie zuerst mit Bleistift.

Sehr geehrter

Danke

Leider

Wir entschuldigen uns

hoffen

günstig

Ich lege bei

Sie werden sehen

schätzen

hoffe, Sie zu sehen

Wenn Sie benötigen

nehmen Sie doch Kontakt mit mir auf

Freundliche Grüße

_____ Mr Brown

_____ your letter expressing interest in our computing conference in Manchester. _____, owing to circumstances beyond our control, we have had to move the starting date from 30 June to 7 July. _____ for this change, and _____ that the new date will be _____ for you.

_____ the conference timetable and details of hotel accommodation. _____ that there is a very varied programme which includes all the latest developments in the field of information technology.
I would _____ confirmation that the new date of 7 July is acceptable to you and _____ at the conference.
_____ any further information, please do not _____.

Yours _____
A. Heaney
Alexandra Heaney
Conference Organiser

b Hören Sie nun die CD-Spur 13. Kontrollieren Sie dann.

Fitness-Test

30 **Testen Sie sich. Vervollständigen Sie den Text.**

1 «C_____ you s_____ your name, please?»

2 «Hold ____, please.»

3 «May I s_____ the manager, please?»

4 «Just a minute. I'll _____ you th_____.»

5 «W_____ you l_____ to _____ a mes_____?»

6 «Pardon? C_____ you r_____ that, please?»

7 «I'm a_____ Mr Black is in a meeting.»

8 (Phone rings) «Zurich Financial Services, Davies

_____ .»

9 «_____ can I help you?»

10 «Thank you very much.» – «Not _____.»

11 We can g_____ you a d_____ of 5%

12 We r_____ to in_____ you that …

13 … t_____ are no va_____ on the dates

men_____. …

14 … How_____, we su_____ you contact them.

15 Could you rec_____ a suit_____ hotel in the area?

16 Room s_____ is ava_____ 24 hours a day.

17 Our con_____ are as f_____: 50% deposit …

18 Dear Ms Smith → Yours _____

19 Dear Sir or Madam → Yours _____

20 Hi Jeremy → Best r_____

Kurztest
Formell – informell

Wie formell sind diese drei Ausdrücke? Ordnen Sie. Setzen Sie 1 für den formellsten.

A Please confirm ___

B May I ask you to confirm ___

C Could you please confirm ___

Schreibtraining – Please Write!

Anweisungen:

- Es geht um neue Tarife und Bedingungen.

- Sitzungsort: Konferenz-zimmer der Verkaufsabtei-lung.

- Sie wünschen, dass alle rechtzeitig da sind.

- Schreiben Sie 20 – 40 Wörter.

31 **Memo**

Sie arbeiten in einer Großfirma. Ihre Chefin beauftragt Sie, für Freitag 14 Uhr eine dringende Sitzung mit allen Mitarbeitenden Ihrer Abteilung zu organisieren.

a   Schreiben Sie ein Memo an alle per E-Mail.

To: _____

Re: Important appointment!

_____

_____

_____

_____

_____

_____

_____

_____

_____

© Der Business-Communication-Trainer, ISBN 978-3-9521442-6-8

b   Sie können sich nun einen Lösungsvorschlag auf CD-Spur 14 ein- oder mehrmals anhören und den Text dazu im Lösungsheft nachlesen.

Textvorlagen

Termin verschieben
Patrick Schmitt erhält folgende E-Mail
(72 Wörter)

Dear Mr Schmitt

Further to your email of (date, e.g. 26 August), I regret to inform you that due to a conference in Barcelona I will not be available to see you on Tuesday, 13 Oct.
May I suggest we postpone the meeting until the same time on the following day.
I apologise for the inconvenience and look forward to seeing you in October.

Yours sincerely
J. Delaney
James Delaney
Staff Manager

Wörtlich:
«Bitte verzeihen Sie die Unannehmlichkeiten.»
Etwas freier übersetzt:
«Wir bitten Sie um Verständnis.»

Termin absagen
Am 12. Oktober erhält Patrick Schmitt leider folgende Mail.
(64 Wörter)

Dear Mr Schmitt

I regret to inform you that Mr J. Delaney, our Sales Manager, has suddenly been taken ill. We are therefore obliged to cancel your meeting scheduled for tomorrow, 13 October.
Mr Delaney will contact you to arrange another appointment as soon as possible.
Please accept our apologies for any inconvenience this may cause you.

Yours sincerely
J. Jones
Judy Jones
P. A. to J. Delaney

Ich muss Ihnen leider mitteilen
Wir müssen deshalb

Danke für Ihr Verständnis

4

Kommunikationsanlass

Gesuche & Angebote
Preise, Konditionen
Bestellung, Bestätigung

Geschäftsbereich

Handel
Textil
Werbung

Bitte um Angebot

32 Ergänzen Sie das ABCD-Muster am Rand. Vervollständigen Sie dann die folgende knappe Anfrage an eine Druckerei mit den Ausdrücken am Rand.

A _____ des Briefes:
Wer sind Sie?
Was wollen Sie?

B _____ : Details

C _____ ? Aufforderung

D _____ : Kontakt

Thank you for
advertise
samples
are interested
be grateful
Could you please
We have seen
require
We are

Englische Längenmaße
inch (in) =   2,54 cm
foot (ft) =   30,48 cm (12 ins)
yard (yd) =   91,44 cm (3 ft)
mile (m) = 1609,34 m (1760 yds)

● Antonio.Rivas@Tequila-Tonys.com
To...	info@highflyers.co.uk
Cc...	
Ref:	Inquiry

Dear Sirs

_____ a popular Mexican restaurant with live musical enter-

tainment at weekends and now _____ flyers to

_____ a number of future events.

_____ your ad in the Daily News and _____

_____ in your services and prices.

_____ quote a price for 2,000 full colour

glossy flyers, size 8x4 ins, printed on both sides? I would also

_____ for some paper _____.

_____ your early reply.

Yours faithfully

P. Diaz

Kurze Rückbestätigung

33 Der folgende Brief ist die Antwort auf die obige Anfrage. Trennen Sie zunächst die Absätze voneinander ab. Setzen Sie dann die Satzzeichen und die Großbuchstaben.

5 may dear mr diaz thank you for your e-mail of 1 may in which you ask about flyers we are pleased to send you our brochure together with a price list and the samples you have requested as you will see we offer a wide range of high quality printed products at interesting prices to suit any need we would be happy to welcome you as a customer and are convinced you will be more than satisfied with our service please let me know if we can help you in any way yours sincerely jim white manager enclosure

Anfrage Nachbestellung

 Vervollständigen Sie die folgende Preisanfrage an eine Firma für elektronische Werbeartikel mit den Ausdrücken am Rand.

Sharon.Shore@nestle.com

To... Susan.Swift@computacc.net

Cc...

Ref: Inquiry

Dear Ms Swift

Some months ago we _____ some ABC-3 solar-powered credit-card _____ calculators from you.

As this gift was so popular with our _____, I would like to know _____ they are still _____.

If ____, could you please _____ me of your _____ of payment and the quantity _____?

_____ I ask you to include _____ of any new models in the same price _____ as well?

I am looking forward to hearing from you _____.

Yours sincerely
Sharon Shore
Public Relations Dept.

| advise |
| available |
| customers |
| details |
| discounts |
| if |
| may |
| purchased |
| range |
| size |
| so |
| soon |
| terms |

→ Hören Sie nun zur Kontrolle die CD-Spur 15

Anfrage für bessere Bedingungen

 Sie sind mit einem Angebot nicht zufrieden und versuchen, von einer guten Geschäftspartnerin, die Sie persönlich kennen, einen Preisnachlass zu erhalten.
Erkennen Sie in dieser kurzen E-Mail das ABCD-Muster?

Thank you for your _____. Could you possibly _____ a further 5% _____ on payment _____ 7 days after _____?

Please let me know as soon as possible. My new _____ extension is 380.

Kind _____

| allow |
| delivery |
| discount |
| phone |
| quotation |
| regards |
| within |

→ Hören Sie nun zur Kontrolle die CD-Spur 16

Training Schlüsselwörter

37 Anfrage und Angebote

Übersetzen Sie die Ausdrücke. Nach dem ersten Versuch können Sie die Hilfe am Rand benützen.

advertisement
advise of
allow/grant a discount
available
cancel an order
confirm
conditions
customer
delivery
deposit
description
details
due
If so, …
price list
price range
purchase
quantity discount
quotation
quote
remainder
sample
Sales Department
terms of payment
We are prepared to
within

1	Zahlungsbedingungen	
2	Bedingungen (allgemein)	
3	Mengenrabatt	
4	kaufen (buy)	
5	nähere Angaben	
6	Preisklasse	
7	Preisangebot/Offerte	
8	bestätigen	
9	Rabatt gewähren	
10	Lieferung	
11	Muster	
12	innert	
13	erhältlich, vorrätig	
14	Kunde/Kundin	
15	Wenn ja, …	
16	benachrichtigen über	
17	Anzahlung	
18	Restbetrag	
19	fällig	
20	Inserat/Werbung	
21	Wir sind bereit, …	
22	Bestellung annullieren	
23	Beschreibung	
24	Preisliste	
25	Verkaufsabteilung	
26	(Preis) anbieten/offerieren	

→   Streichen Sie Wörter, die Sie nicht sofort wussten, zum Lernen an.

36 The price is right?

Setzen Sie das richtige englische Wort für das deutsche Wort *Preis* ein.
rate/price/fare

1   What's the single _____ to Munich?

2   Please quote your best _____ for this item.

3   What is your room _____ in August?

Training Textbausteine

 Stilebenen

Handlungsaufforderungen an Geschäftspartner, meistens im Teil C der Mitteilung, können von sehr formell bis direkt sein. Übersetzen Sie die Ausdrücke aus der Box und beginnen Sie dabei mit dem direktesten.

- Könnten Sie vielleicht … ?
- Darf ich Sie bitten, … zu … ?
- Würden Sie bitte … ?
- Bitte …
- Ich wäre dankbar, wenn Sie … könnten.

Training «Bitte»
Übersetzen Sie:

1 _____

2 _____

3 _____

4 _____

5 _____

1 Wie bitte?

2 (Danke) – Bitte.

3 Hier bitte.

4 Könnten Sie bitte …

5 Bitte nicht!

6 Nach Ihnen, bitte.

7 Ja, bitte?

Fax – Einfache Bestätigung

 Setzen Sie die fehlenden Wörter ein.

Bestellungen

werden heute meist per Telefon, Fax oder E-Mail übermittelt.
In der Regel werden sie dann in knappster Form bestätigt.
Beim Fax ist das Drumherum etwas aufwändiger.
Am Schluss steht oft eine lange Passage bezüglich Vertraulichkeit etc., die aber in der Praxis rechtlich bedeutungslos ist.

Baden Turbo Systems

Facsimile

To:	Josh Jordan	Phone:
	Bangalore	Fax No: +91-80-22251756
From:	James Hill	Phone: +41-56-470-5656
	Fax No:	
	E-mail:	
Date:	No. of Pages (including this one): 1	

_ Urgent   _ Please reply   _ Private and Confidential

Re: Your order

Dear Mr Jordan

With _____ to our telephone conversation of today, I am

pl_____ to confirm your _____ as follows:

500 «We are the power» T-shirts, blue on green, one size, at £3.20

each. Delivery date: 2 July. Terms: 30 days net, cash discount of 4% if

_____ within 10 days.

_____ you again for choosing us.

Yours _____

J. Hill

James Hill

Sales Executive

CONFIDENTIALITY: This is a private facsimile transmission intended for the named recipient only, and its contents may be confidential. If you are not the named recipient, you must not read, copy or use the contents, or disclose them to any other person. Please immediately notify the sender by telephone that you have received the transmission in error.

transmission
   Übermittlung
recipient
   Empfänger/in
confidential
   vertraulich
disclose
   offenbaren, preisgeben
notify
   benachrichtigen, avisieren

Auftragsbestätigung mit Details zur Lieferung

 40 Vervollständigen Sie die folgende Bestätigung mit den Ausdrücken am Rand.

Dear Ms Mayer

Thank you for your order of 500 pairs of jeans as listed on the pro

forma _____ attached.

Our _____ are CIF (*), 30 days _____. However, on this order we

are _____ to _____ you a 5% quantity discount as well as 2%

for _____ within 10 days.

As this _____ can be _____ from stock,

delivery will be _____ by 16 March.

We _____ you for your custom.

Josh Jordan

_____ Department

able
consignment
grant
invoice
made
net
payment
prices
Sales
supplied
thank

*CIF: Siehe S. 52

Auftragsbestätigung mit Hinweis

41 Die folgende Auftragsbestätigung, welche zugleich auf Liefer-verzögerungen aufmerksam macht, ist durcheinander geraten. Ordnen Sie mittels Nummerieren.

1 Dear Ms Malone

____ to confirm as follows:

____ in any way.
Yours sincerely

____ your email order of today, but regret

____ 6 'Comfy' chairs, maho-gany, at

____ that we cannot supply the goods

____ We hope to deliver by 16

____ £135 each. Terms: Carriage paid. 2%

____ M. Snow

____ contact us if we can help you

____ the delay and do not he-sitate to

____ weeks. Please accept our apologies for

____ discount if paid within 2

____ We thank you very much for

____ a rail strike in France.

____ within two days because of

____ December at the latest, and we would like

Lieferschwierigkeiten und Alternativvorschlag

Lieferbedingungen
werden häufig abgekürzt.
Hier ein paar wichtige:

CIF cost, insurance, freight
Kosten, Versicherung, Fracht

CIP carriage and insurance paid
frachtfrei versichert

EXW ex works/warehouse
ab Werk/Lager

FOB free on board
frei an Bord

franco domicile
frei Haus

Zahlungsbedingungen
bank transfer
Banküberweisung

bank draft
Bankwechsel

by cheque GB; check US
per Scheck

cash in advance
bar zum Voraus

COD cash on delivery
NN: Gegen Nachnahme

cash with order
bar bei Auftragserteilung

direct debit
Direktabbuchung

duty free GB; **dutifree** US
zollfrei

IMO Intl. Money Order
Int. Postanweisung

inclusive (exclusive) of tax
Steuer (nicht) inbegriffen

L/C (irrevocable)
letter of credit
(unwiderrufliches)
Akkreditiv

tax free
steuerfrei

VAT value-added tax
MWSt: Mehrwertsteuer

42 Setzen Sie die fehlenden Ausdrücke ein.

Dear Mr Brown

T_____ y____ f____ y_____ o_____ of 30 September 20... for the
Star X24 printer.
U_____ , because of production difficulties at our
s_____ , this article is no longer a_____. However,
we do have a new r_____ of high-speed printers at very
comp_____ prices. I e_____ a copy of our most recent
c_____ with f_____ details.

M____ I d_____ your attention p_____ to the new
Magnum printer _____ page 18? This is offered ____ the special price
of £599 for this month only. D_____ follows w_____
three days of r_____ of your order and we o_____ a two-year
full guarantee.

We look forward to r_____ your order. Please do not hesitate to contact me if you r_____ any further information.

Yours sincerely

G. Maloney

→ Hören Sie nun die CD-Spur 17 und überprüfen Sie den
Text danach auch mit dem Lösungsheft

Training Textbausteine

43 **Gesuch und Angebot**
Setzen Sie die passenden Bausteine ein.

1   _____ you for your _____ of 400 caps
2   D_____ will be made by
3   T_____: 50% on order, 3% _____ if paid
4   _____ to your fax I am pleased to …
5   … confirm your order as _____: 50 pens …
6   We are a_____ to a_____ you a discount of
7   Could you a_____ me of your terms?
8   Owing to circumstances beyond our _____,
9   I regret that I am fo_____ to cancel
10 We r_____ that the article you ordered is not
    _____ any longer.
11 Thank you for your u_____.
12 We ap_____ for the inc_____
    this may _____ you.

Begründung

«wegen, infolge, bedingt durch»
im Englischen

Sehr häufig in Business-Texten:
due to

Ferner:
owing to
as a result of

Umgangssprachlicher:
because of

Positiv («dank»):
thanks to

Training Schlüsselwörter

44 **Konditionen**
Übersetzen Sie die Wörter am Rand.

1   Our terms are 30 days _____.
2   _____ of _____: cash on delivery.
3   Our prices are _____
4   We offer a 12-month _____.
5   2% discount for payment _____ 10 days.
6   These goods can be supplied from _____.
7   _____ is not included in this price.
8   This price is _____ …
9   Please send a pro forma _____.
10 The _____ is ready for delivery.

1   netto
2   Zahlungsbedingungen
3   frei an Bord
4   Garantie
5   innert
6   Lager
7   MWSt
8   Kosten, Versicherung, Fracht
9   Rechnung
10 Sendung

Fitness-Test

45 **Messen Sie Ihren Erfolg. Setzen Sie ein.**

1 Dear Sir or Madam → Yours _____

2 Dear Mr Chang → Yours _____

3 With _____ to your letter of

4 Please d__ ____ h_____ to _____ me
   if you have any further queries.

5 I r_____ that I will not be available.

6 I am writing ____ inq_____ about your

7 M_____ I _____ you to send us … ?

8 I would be g_____ if you could

9 Owing ____ ci_____ beyond our control

10 Please l_____ me _____ as soon as possible.

11 A_____ to your advertisement …

12 We are c_____ that this excellent product

13 I was p_____ to r_____ your order for

14 Could you a_____ me of your terms?

15 As our hotel is full, we s_____ that you try

16 As this is a very busy time it _____ be best to …

17 … po_____ the meeting to mid-March.

18 We are i_____ in purchasing

19 I am p_____ _____ confirm your order

20 I e_____ our catalogue and current price list.

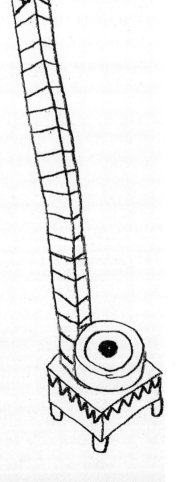

Schreibtraining – Please Write!

Standardtest
BEC oder
LAP/Diplomprüfung

46 **E-Mail**

Sie arbeiten in einem Industriekonzern. Ihr Vorgesetzter beauftragt Sie, Vorschläge für einen Werbeartikel einzubringen. Sie schreiben eine Offertanfrage an eine Handelsfirma in Südkorea, die elektronische Kleinartikel führt.

a   Senden Sie eine Anfrage per E-Mail.

FROM:	YOUR.NAME@TURBOSYS.COM
To...	INFO@SLEEKITS.KR
Cc...	
Ref:	REQUEST OF QUOTATION

- Sie beziehen sich auf den Katalog und die Preisliste, die Sie bereits erhalten haben

- Sie sind interessiert an einem Rechner im Kreditkartenformat, Typ 224

- Sie benötigen 300 Stück

- Erkundigen Sie sich nach Mengenrabatt, Skonto innert 10 Tagen und Lieferfristen

- Schreiben Sie 50 – 80 Wörter

b   Sie können sich nun einen Lösungsvorschlag auf der CD-Spur 18 ein oder mehrmals anhören, eventuell mitschreiben und/oder den Text dazu im Lösungsheft nachlesen.

5

Kommunikationsanlass

Begleitbrief
Unterlagen anfordern
Nachfassen nach Besprechungen

Geschäftsbereich

Banken
Versicherungen

Definitive Antwort nach Besprechung einholen

Nach einer Besprechung mit der guten Kundin Frau Stevenson bezüglich Erwerbs einer Zweitwohnung in der Schweiz erhält Herr Reichmuth von seinem Chef im Private Banking per Mail ein Memo:

Formalität im Finanzgeschäft
Banken und Versicherungen sind in besonders hohem Maße vom Vertrauen der Kundschaft abhängig.

Denn wer gibt sein Geld schon jemandem, dem er nicht vertraut?

Die Korrespondenz von Banken und Versicherungsgesellschaften läuft deshalb statt über E-Mail noch weit stärker über konservative Briefe, die eine solide Tradition ausstrahlen.

Stil
Dieser Brief kommt nicht direkt zum Punkt und schlägt damit einen Ton an, der Kundennähe und Vertrautheit ausdrückt.

47 Herr Reichmuth schreibt einen sehr freundlichen Brief an die Kundin und unterbreitet ihr die Bestätigung des Angebots. Setzen Sie die fehlenden Wörter ein.

A   **wie Anlass**
    Im A-Teil wird auf der Beziehungsebene gearbeitet. Der Brief tönt sehr persönlich.

B   **wie Botschaft**
    Die Details des Angebots kommen – schon fast beiläufig – erst kurz vor Schluss.

C   **Wie Claro?**
    Fällt weg. Die Zusage wird vorausgesetzt.

D   **wie Dranbleiben**
    Bitte um Antwort.

Swiss Bank
Bahnhofstr. 99 • CH-8001 Zürich

26 April 20___

Our ref: GG/rr

Dear ____ Stevenson

A We were very _____ to see you here ___ Switzerland. We hope you enjoyed your stay and had a good trip home. Please _____ us _____ if your husband and family are well and if your daughter has passed her exams.

B We would _____ to _____ you that we are _____ to offer you a _____ of CHF 600,000 ____ a fixed interest _____ of 3.00% for the first 5 years.

D We are _____ forward to _____ from you _____.

Yours _____

Roy Reichmuth

_____ Banking

Hören Sie nun zur Kontrolle die CD-Spur 19.

Training Textbausteine

 Begleitbrief

Um den hohen Ansprüchen der Kunden im Private Banking zu genügen, wird mit dem Kontoauszug oft ein Begleitbrief mitgeschickt. Vervollständigen Sie diesen mit den Ausdrücken am Rande.

Dear Ms Davies

We _____ to provide you with the _____ of your _____ with us. Please _____ your monthly _____ enclosed. We would be _____ if you could _____ it.

_____ you have any _____, please do not hesitate to _____ me.

| account |
| contact |
| details |
| find |
| grateful |
| queries |
| Should |
| statement |
| verify |
| would like |

Yours sincerely

K. Kunze

Karl Kunze

Private Banking

Hören Sie nun zur Kontrolle die CD-Spur 20. Sehen Sie dann im Lösungsheft nach.

Hier das Muster eines englischen Kontoauszugs:

	British Bank	Savings Account Plus		
Date	**Details**	**Withdrawn**	**Paid in**	**Balance**
1 Sep 20__	BROUGHT FORWARD			45,850.27
4 Sep 20__	Interest		3.05	
6 Sep 20__	Harrods	249.70		
6 Sep 20__	BP Kensington	21.20		
7 Sep 20__	Standard Indian Rest	35.80		
				45,546.62

Dokumente anfordern

 Schlüsselwörter
Setzen Sie die fehlenden Wörter aus der Liste am Rand ein.

Swiss Bank
Bahnhofstr. 99 • CH-8001 Zürich

Mr Harry Henderson
Königstrasse 33
D-70173 Stuttgart

12 October 20___

Account No: 96698545

Dear Mr Henderson

I refer to your recent _____ to change your address for the

_____ account.

As part of the bank's procedure we need to _____ your

_____ in order to confirm that the instructions

received are _____.

I regret to advise you that we do not _____ an up-to-date

_____ of your signature and would therefore

be grateful if you could send a _____ of your passport

_____ by your local bank.

Due to a change in _____, we would also ask

you to _____ the original of the enclosed document concerning

US _____ and return it in the _____

addressed envelope enclosed. The duplicate is for

your _____.

Please accept my sincere apologies for the inconvenience this may
cause.

I look forward to receiving the requested documentation in due course.

Yours sincerely

C. Caruso

Cornelia Caruso

Customer Service Officer

above-mentioned
oben erwähnt

authentic
echt

certified
beglaubigt

copy
Exemplar, Kopie

hold
im Besitz sein von

records
Akten

regulations
Bestimmungen

request
Bitte

sign
unterzeichnen

signature
Unterschrift

specimen
Muster

stamped
frankiert

verify
verifizieren, prüfen

withholding tax
Quellensteuer,
Verrechnungssteuer

→ Hören Sie zur Kontrolle die CD-Spur 21. Streichen Sie
Wörter, die Sie nicht wussten, zum Lernen an.

Training Textbausteine

50 Ihre besten Werkzeuge sind die Textbausteine. Setzen Sie die zum deutschen Ausdruck am Rand passenden ein. Lernen Sie diese Bausteine auswendig.

1   I r _ _ _ _ _ to a _ _ _ _ _ you that ...

2   I would th _ _ _ _ _ _ _ _____ _____

    _ _ you c _ _ _ _ ...

3   _ _ _ _ _ _ you _____ _____ q _ _ _ _ _ _

4   _ _ _ _ _ a _____ in regulations

5   C _ _ _ _ _ _ _ _____ ve _ _ _ _

6   I lo _ _ _ f_____ to re_____ your

7   c _ _ _ _ _ _ _ _ _

8   Please a _ _ _ _ _ my sin _ _ _ _ a _ _ _ _ _ _ _ _ for the

    _____ this _ _ _ c _ _ _ _ you.

9   _ _ f _ _ _ _ _ _

10 _ _ _ I _ _ _ you to verify the statement

© Der Business-Communication-Trainer, ISBN 978-3-9521442-6-8

1   Leider muss ich Ihnen mitteilen, dass ...

2   Ich wäre Ihnen deshalb dankbar, wenn Sie ... könnten

3   Sollten Sie noch Fragen haben, ...

4   wegen einer Änderung der Bestimmungen

5   Könnten Sie bitte nachprüfen

6   Gerne erwarte ich Ihr ...

7   betreffend

8   Ich möchte mich gerne aufrichtig für die Unahnnehmlichkeiten entschuldigen, die Ihnen daraus entstehen können.

9   wie folgt

10 Darf ich Sie bitten, den Auszug zu prüfen

Training Schlüsselwörter – Finanzvokabular 1

51 Übersetzen Sie die folgenden Ausdrücke von den letzten
Seiten. Nach dem ersten Versuch können Sie die Hilfe am
Rand in Anspruch nehmen.

account
authentic
balance
brought forward
certified
copy
duplicate
fix
fixed
hold
instructions
interest rate
monthly
mortgage
pay in
record / file
regulations
savings
sign
signature
specimen / sample
statement
verify
withdraw
withholding tax

1   Hypothek _____

2   Zinsfuß, Zinssatz _____

3   fest _____

4   festlegen _____

5   Konto _____

6   Konten-, Bankauszug _____

7   überprüfen, nachprüfen _____

8   monatlich _____

9   Übertrag _____

10 Ersparnisse _____

11 Geld abheben, beziehen _____

12 einzahlen _____

13 Saldo, Kontostand _____

14 beglaubigt, bescheinigt _____

15 besitzen, halten _____

16 echt, authentisch _____

17 unterzeichnen _____

18 Unterschrift _____

19 Muster, Probe _____

20 Kopie, Exemplar _____

21 Duplikat _____

22 Akte _____

23 Bestimmungen, Vorschriften _____

24 Quellen-, Verrechnungssteuer _____

25 Anweisungen _____

→   Streichen Sie Wörter, die Sie nicht wussten, zum Lernen an.

Schreibtraining – Please Write!

 52 **Fax**
Sie haben Ihrem Kunden, Herrn Movasio, eine Hypothek angeboten und erhalten nun das folgende Fax:

Standardtest
BEC oder
LAP/Diplomprüfung

FAX
Dear Ms Bossart
Thank you very much for your offer, which I am pleased to
accept.
I am enclosing the floor plan of the house and will communicate
the details of the agency for the money transfer as soon as possible.
Kind regards
E. Movasio

a   Schreiben Sie auf separates Papier eine Antwort per Fax.

Frankfurt Bank

Fax

To:	E. Movasio	Phone:	
	Avellino	Fax No:	+39 825 200264
From:	I. Bossart	Phone:	+49 69 190-00
		Fax No:	+49 89 190-52243
		E-mail:	
Date:		No.of Pages (including this one): 1	

_ Urgent   _ Please reply   ✓ Private and Confidential

Re: Your mortgage

_____
_____
_____
_____
_____
_____
_____

- Danken Sie dem Kunden für
  die Unterlagen.

- Drücken Sie Ihre Freude
  aus, dass er das Angebot
  schätzt.

- Bitten Sie um fehlende Un-
  terlagen.
  Sie benötigen noch
  - Kopie der Steuererklärung
    tax declaration
  - Passkopie
  - Grundbuchauszug
    land register extract

- Wenn Herr Movasio Fragen
  hat, soll er sich an Sie
  wenden.

- Schreiben Sie 70-100 Wörter.

- Schreiben Sie keine Adresse, aber das Datum, eine
  Anrede und eine Schluss-
  formulierung.

b   Sie können sich nun einen Lösungsvorschlag auf
     Spur 22 der CD anhören und zur Übung aufschrei-
     ben. Den Text finden Sie auch im Lösungsheft.

Versicherungsunterlagen einholen

(53) Ein Kunde, Herr Azaro, hat sich nach einer Wertsachenversicherung erkundigt. Sie möchten genauere Unterlagen für Ihr Angebot. Schreiben Sie sehr sachlich-formell.

a   Setzen Sie die fehlenden Ausdrücke ein, soweit es geht.

Aufbau
Dieser Brief folgt dem klassischen
Muster:

A   wie _____
des Briefes

B   wie _____
im Detail

C   wie _____
Hier wird meine Erwartung
formuliert.

D   wie _____
und Weiterführen der Kommunikation.

Bavaria Insurances
Marienplatz 11 • D-80331 München • Tel +49 89 707050 / Fax +49 89 7070 77

4 Sep 20__

Mr H. Azaro
Schönstrasse 69
81543 München Harlaching

Dear Mr Azaro

Thank you for your _____ concerning insurance. I am _____ to inform you that in _____ to life assurance we also offer all types of liability and third-party insurance. I _____ a brochure for your i_____.

Regarding _____ for your valuables, we will be happy to work out a detailed _____ for you to protect _____ theft, loss or damage. In order _____ calculate this we would be g_____ if you could provide a detailed list describing all the items as _____ as any _____ and estimates you may have. I enclose the necessary forms. This _____ help us to make our value analysis. In addition, we _____ to know how these items are kept, if there is a safe and if the premises are equipped with a burglar alarm.

_____ I therefore _____ you to send us these documents in due course. If you need any _____ assistance, please do not hesitate to call me.

I look forward to hearing from you _____.

Yours _____

S. H _____

Sophie _____

_____ Service

_____

b   Hören Sie nun die CD-Spur 23.

Training Schlüsselwörter – Versicherungsvokabular

54 Übersetzen Sie die Ausdrücke. Nach dem ersten
Versuch können Sie die Hilfe am Rand in Anspruch
nehmen.

1   Versicherung abschließen – _____ out or _____

insurance

2   Wertsachen (sicher) aufbewahren – _____

_____ secure

3   diese Police deckt den Betrag von – _____

_____

4   Die Prämie ist am 1. Juli fällig – _____

_____

5   Gibt es Belege oder Schätzungen für diese Gegenstände? –

Are there any _____

_____

6   Laut den Allgemeinen Versicherungsbedingungen … –

_____ to the _____

of insurance …

7   um das Risiko zu berechnen, benötigen wir … – In order to

_____ the _____, we need …

8   bitte melden Sie Diebstahl, Verlust oder Beschädigung mit

diesem Formular – Please _____

_____

_____

9   Unsere Haftung ist rechtsgültig vom … – Our _____

_____

10 Wie schützen Sie Ihre Liegenschaft? – How do you _____

_____

11 Wir können Sie nicht entschädigen, wenn Sie nicht … – We

cannot _____ unless …

© Der Business-Communication-Trainer, ISBN 978-3-9521442-6-8

→   Streichen Sie Wörter, die Sie nicht sofort wussten, zum
Lernen an.

Vocabulary

according
amount
calculate
compensate
cover
damage
due
effective
estimate
form
general conditions
item
keep
liability
loss
policy
premises / property
premium
protect
receipt
report
risk
take out / effect
theft
valuables

Fitness-Test

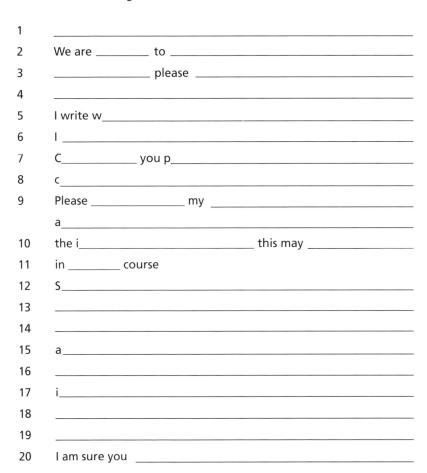

55 **Erfolgskontrolle.**
Vervollständigen Sie den Text.

1	Wir haben uns sehr gefreut, dass
2	Wir können anbieten
3	Anbei senden wir Ihnen gerne
4	Wir wären dankbar
5	Ich beziehe mich auf
6	Leider muss ich Ihnen mitteilen
7	Könnten Sie bitte unterschreiben
8	das Dokument betreffend
9	Ich möchte mich aufrichtig entschuldigen für
10	die allfälligen Unannehmlichkeiten
11	im Lauf der nächsten Zeit
12	Sollten Sie noch Fragen haben
13	wegen einer Änderung
14	Darf ich Sie bitten
15	wie folgt
16	zusätzlich zu
17	um … zu
18	Wenn Sie weitere Unterstützung benötigen
19	Wir schlagen vor
20	Bestimmt sind Sie einverstanden, dass

1 _____

2 We are _____ to _____

3 _____ please _____

4 _____

5 I write w_____

6 I _____

7 C_____ you p_____

8 c_____

9 Please _____ my _____
   a_____

10 the i_____ this may _____

11 in _____ course

12 S_____

13 _____

14 _____

15 a_____

16 _____

17 i_____

18 _____

19 _____

20 I am sure you _____

Schreibtraining – Please Write!

56 Begleitbrief
Sie senden im Auftrag Ihrer Chefin, Frau Sophie Henkel, die Versicherungspolice an Herrn Azaro.

a Schreiben Sie den Begleitbrief. Benützen Sie die Angaben am Rand.

Bavaria Insurances

Marienplatz 11 • D-80331 München • Tel +49 89 707050 / Fax +49 89 7070 77

27 Sep 20__

Mr H. Azaro
Schönstr. 69
81543 München

_____

_____

_____

_____

_____

_____

_____

_____

_____

_____

_____

_____

_____

_____

_____

_____

_____

_____

- Sie senden gerne die Police für die neue Wertsachenversicherung sowie die Allgemeinen Versicherungsbedingungen (AVB).

- Sie schlagen vor, die Dokumente sicher aufzubewahren, eventuell außer Haus.

- Die Police ist datiert vom 20. September und gültig ab heute.

- Die erste Prämie ist am 15. Oktober fällig. Die Rechnung kommt separat.

- Bei Fragen sind Frau S. Henkel und Sie erreichbar unter 089 70 70 82.

- Bedanken Sie sich für das Vertrauen des Kunden.

- Schreiben Sie 70 bis 100 Wörter.

b Sie können sich nun den Lösungsvorschlag auf der CD-Spur 24 anhören und den Text mitschreiben. Dann lesen Sie im Lösungsheft nach.

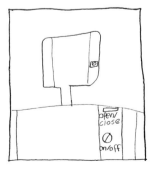

6

Kommunikationsanlass

Reklamationen anbringen
Beschwerden erledigen

Geschäftsbereich

Handel
Computer Hardware

Beschwerde

Schreiben Sie auch Beschwerden nach dem ABCD-Prinzip. Dabei kann der B-Teil ausführlicher werden und mehrere, in sich klar geordnete Absätze umfassen.

We suggest you
To make matters worse
I am writing to complain
First of all
If you have any questions
This was all the more inconvenient

Anlass
Warum schreiben Sie?

Botschaft
Sie geben Details bekannt.

Claro?
Was soll der andere tun?

Dranbleiben
Wie geht es weiter mit der Kommunikation?

 57 Vervollständigen Sie die formelle E-Mail mit den Ausdrücken vom Rand.

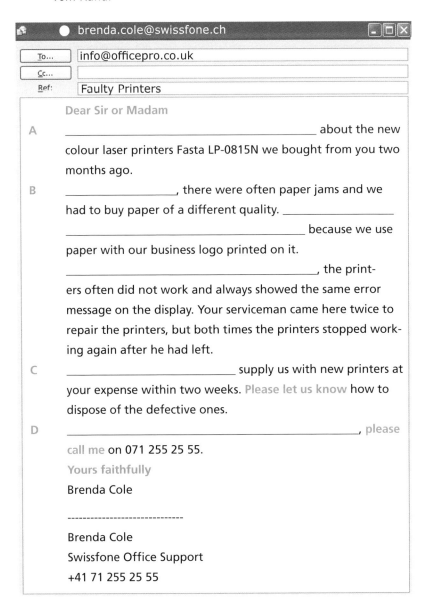

brenda.cole@swissfone.ch

To... info@officepro.co.uk
Cc...
Ref: Faulty Printers

Dear Sir or Madam

A _____ about the new colour laser printers Fasta LP-0815N we bought from you two months ago.

B _____, there were often paper jams and we had to buy paper of a different quality. _____ _____ because we use paper with our business logo printed on it. _____, the printers often did not work and always showed the same error message on the display. Your serviceman came here twice to repair the printers, but both times the printers stopped working again after he had left.

C _____ supply us with new printers at your expense within two weeks. Please let us know how to dispose of the defective ones.

D _____, please call me on 071 255 25 55.
Yours faithfully
Brenda Cole

Brenda Cole
Swissfone Office Support
+41 71 255 25 55

→ Hören Sie zur Kontrolle die CD-Spur 25.

Entschuldigung

 58 Herr Soave erhält die Reklamation von Frau Cole. Er nimmt sie sehr ernst. Sein Ziel ist es immer, Kunden zu behalten und den Schaden zu begrenzen. Worin besteht gemäß M. Soave das Problem? Vervollständigen Sie.

Dear Ms Cole

Thank you for your letter ___ March 2 regarding the Fasta LP-0815N

printers you pur_____ from us.

I am very sorry to learn about the in_____ the printers

have ca_____ you. I have ta_____ to our technician, and we

agree that your Fasta LP-0815N printers seem to be faulty.

As this is generally a very reli_____ model, I hope you will ac_____

new printers of the same type. We could d_____ them wi_____

24 hours and collect the f_____ printers at the sa_____ time.

Please call me on 031 667 7887 to make an appointment. Again, I

would like to apologize for the trouble you have had and thank you

for your understanding.

Yours _____

M. Soave

Customer Service Manager

A	Anlass
B	Botschaft
C	Claro
D	Dranbleiben

So wird das Problem im Sinne der Kundin erledigt.
Eine andere Möglichkeit finden Sie auf der nächsten Seite.

→ Hören Sie zur Kontrolle die CD-Spur 26.

59 Für welchen Briefteil einer Beschwerde (A, B, C, D) eignen sich die folgenden Ausdrücke?

_____ I regret to inform you that ...

_____ Unfortunately, ...

_____ First of all, ...

_____ To make matters worse, ...

_____ You will agree (that) ...

_____ We would therefore appreciate ...

_____ Do not hesitate to contact me ...

_____ I am writing to complain (about) ...

_____ To start with, ...

_____ In addition, ...

_____ As if this were not enough, ...

_____ We suggest (that) you ...

_____ Could you send a replacement ...

_____ We hope (that) ...

_____ Please let me know if ...

Problemlösung ohne Entschuldigung

Der Fehler kann natürlich auch bei der Kundin liegen. In einer anderen Situation würde Herr Soave davon ausgehen. Er bliebe natürlich auch hier zuvorkommend und höflich.

 60 **Antwort auf eine Beschwerde**
Vervollständigen Sie den Brief. Ein kurzer Strich ist ein Buchstabe, ein langer mehrere.

© Der Business-Communication-Trainer, ISBN 978-3-9521442-6-8

Bezug und Betreff

Bezüglich, mit Bezug auf
with reference to
referring to

Betreffend
regarding
re:
concerning

Soweit es mich betrifft
As far as I am concerned

---

4 Sep 20__

Dear Ms Cole

T_____ you f _ _ your letter _____ 2 Ma _ _ _ re_____ the Fasta LP-0815N prin _ _ _ _ you pur _ _ _ _ _ _ _ from _ _ .

I am s_____ to le _ _ _ about the in_____ the printers ha _ _ ca_____ you. I have ta _ _ _ _ to o _ _ technician, who bel _ _ _ _ _ that unsu _ _ _ _ _ _ paper may have b_____ used.

As th _ _ is a ve _ _ rel_____ model, we are sen _ _ _ _ you a co _ _ of the manufacturer's paper specifications for th _ _ _ printers and h_____ you will acc_____ this.

Please do not _____ to ca _ _ me on 031 667 7887 _ _ you have _____ questions. Alternatively, you c _ _ call the manufac _ _ _ _ _'s helpline on 0901 844 44 88. Sh_____ the problems continue, I w_____ look at the printers perso _ _ _ _ _.

Th _ _ _ you _____ your un_____.

Yours _____

M. Soave
Mike Soave

Cust _ _ _ _ Service Man _ _ _ _

_ _ _

Training Textbausteine

61 Beschwerden

Zum Thema Reklamationen lernten Sie auf den letzten
Seiten viele passende Ausdrücke kennen. Setzen Sie
diese ein.

1   I am writing _____ about

2   _____ all, ...

3   To make _____

4   In _____ , ...

5   _____ not _____

6   This _____ all the more _____ because

7   You will _____ that ...

8   _____ you

9   _____ 10 days

10 _____ your _____

11 We would _____

12 I _____ you that

13 We are very _____

14 _____

15 which you _____

16 have _____

17 we _____ accept

18 I would _____ for

19 Thank _____

20 Please _____ my _____ for

1   Ich möchte mich hiermit
    beschweren über ...
2   Zunächst
3   Was das Problem noch ver-
    schlimmerte ...
4   Dazu kam, dass ...
5   nicht funktionierte
6   Das war besonders unange-
    nehm, weil ...
7   Sie finden sicher auch,
    dass...
8   Wir schlagen vor, Sie ...
9   innert 10 Tagen
10 auf Ihre Kosten
11 Wir würden es deshalb
    schätzen
12 Leider muss ich Sie informie-
    ren, dass ...
13 Es tut uns Leid, zu erfahren
14 betreffend
15 welche Sie von uns gekauft
    haben
16 verursacht haben
17 Wir hoffen, Sie sind einver-
    standen mit
18 Ich möchte mich entschuldi-
    gen für
19 Ich danke Ihnen für Ihr Ver-
    ständnis
20 Bitte nehmen Sie meine Ent-
    schuldigung an für

Telefon mit der Helpline

Frau Cole hat mehrmals vergeblich versucht, Herrn Soave zu erreichen. Sie entschließt sich deshalb, das Druckerproblem direkt mit der
Helpline zu lösen.

62 **Hörübung**

a   Erraten Sie die fehlenden Ausdrücke in der Telefonansage?

Automatische Telefondienste
Um Personal zu sparen, werden
Helplines und ähnliche Dienste
zunehmend automatisiert.
In unserem Beispiel wählt man
sich durch Tastendruck durch.

Es gibt aber auch Dienste, die
ganz mit Spracherkennung funk-
tionieren, wie bei einer Flug-
gesellschaft:
«Welcome to the ... automated
flight inquiry system. I can give
you information ...
To get started, just say either
*arrivals, departures, terminals,
schedules* or *reconfirm.* If you'd
like further information on how to
use this system, just say *help.*»
Man spricht das gewählte Wort,
und weiter geht's.

Entscheidend für die Qualität der
Dienstleistung ist unter anderem,
wie schnell bei weiteren Fragen
reale Ansprechpersonen live verfügbar sind.

Thank you for _____ Fasta. Your call may be _____
to ensure _____ of service. To help us direct your call, please
_____ from the following options:
For telephone _____, please _____ 1.
If you need information on prices, _____ and special
offers, press 2.
To be _____ to the technical assistance service,
please press 3.
For all other _____, please _____ on the line or
_____ our website at www.fasta.com.
(Ms Cole presses key 3.)
Thank you for calling the Fasta technical helpline. At the moment, all
our service agents are _____. You will be transferred to the
next _____ agent. Please _____ the line. *(Music)*
We are _____. All our service agents are _____ busy. You will
be _____ to the next available agent. Please stay on
the line or call _____ later. *(More music)*
We are sorry. All our service agents are still busy. You will be transferred to the next available agent. Please stay on the line or toot toot
toot *(She is cut off)*

b   Hören Sie nun CD-Spur 27 und vervollständigen Sie.

Reklamation am Telefon annehmen

Sie arbeiten für Herrn Soave bei der Firma Officepro, die Frau
Cole die Drucker geliefert hat. Herr Weiss von dieser Firma
ruft nun an. Er ist ungeduldig. Der Telefonempfang leitet den
Anruf zu Ihnen weiter.

63 **Ruhig bleiben und filtern**

a   Lesen Sie das Gespräch und ergänzen Sie den Text.

A: Officepro, Birgit Gross _____. How can I help you?

B: Hello. Can I speak _____ Mr Soave please?

A: ① Is Mr Soave _____ your _____?

B: Yes, it's urgent.

A: ② _____ I _____ him who's _____?

B: Yes, my name's Weiss, from SwissFone and I need to speak
      to Mr Soave immediately.

A: Thank you, Mr Weiss. Just one _____ please. I'll
      _____ you. (Pause)

A: Well, I'm _____ Mr Soave is not _____ at
      the moment. But …
      ③ If you _____ tell me what it is about, he can
      _____ your call when he is _____.

B: Now that … Look, we have an urgent problem with your
      printers and I need a solution _____ now.

A: Oh, I'm _____ but Mr Soave's _____ is still
      engaged. Erm … let's see.
      ④ Mr Mueller ____ very familiar _____ the subject.
      _____ I transfer you _____ him?

B: Yes, please.

A: Thank you. Please _____ the line.

b   Hören Sie die CD-Spur 28 zur Kontrolle.

Anrufe im Sekretariat annehmen
Sozusagen im Vorzimmer müssen
Sie oft Anrufer einschätzen:
Wer muss wirklich mit Ihrer oder
Ihrem Vorgesetzten sprechen und
was können Sie anders erledigen?
Hier sind ein paar einfache, aber
höfliche Fragen, mit welchen Sie
das Wichtige herausfinden:

① Sie wollen wissen, ob Herr
   Soave informiert ist: «Erwartet
   Herr Soave Ihren Anruf?»

② Sie möchten den Namen wissen: «Darf ich ihm sagen, wer
   anruft?»

③ Sie möchten Ihren Chef auf
   das Gespräch vorbereiten:
   «Wenn Sie mir sagen könnten,
   um was es geht, kann er Sie
   zurückrufen, wenn er wieder
   frei ist.»

④ Bei diesem Problem ist es
   nicht nötig, den Chef einzu-
   beziehen: «Unser Herr Müller
   kennt sich gut damit aus. Kann
   ich Sie mit ihm verbinden?»

Training Telefon

64 **Schlüsselbegriffe**
Übersetzen Sie.

1	Könnten Sie mir bitte sagen, worum es geht?
2	Danke für Ihren Anruf
3	Leider ist X zur Zeit nicht zu sprechen
4	Es ist dringend
5	Frau X ist immer noch beschäftigt
6	Darf ich ihr sagen, wer am Apparat ist?
7	Erwartet Frau ... Ihren Anruf?
8	Frau X kennt sich damit aus
9	Darf ich Sie mit ihr verbinden?
10	Ich muss sprechen mit ...
11	Nur einen Augenblick, bitte
12	jetzt gleich
13	Die Linie ist immer noch besetzt
14	Ich verbinde Sie
15	Wir wurden unterbrochen

1 _____
   _____
2 _____
3 _____
   _____
4 _____
5 _____
6 _____
7 _____
8 _____
9 _____
10 _____
11 _____
12 _____
13 _____
14 _____
15 _____

5 mal «Bleiben Sie dran!»

Hang on.

Hold on, please.

Please hold the line.

Please stay on the line.

Please remain on the line.

65 Jeder Strich ist ein Buchstabe. Bitte vervollständigen Sie.

1 Your ca _ _ may be rec _ _ _ _ _ to ens _ _ _ quality
   of ser _ _ _ _.

2 For all other enq _ _ _ _ _ _, please pr _ _ _ 4.

3 For all other que _ _ _ _, please re _ _ _ _ on the li _ _.

4 You wi _ _ be trans _ _ _ _ _ _ to the next ava _ _ _ _ _ _ agent.

5 Th _ _ _ you for ca _ _ _ _ _.

Fitness-Test

 Setzen Sie ein. Benützen Sie die Begriffe am Rand.

1   I was _____ receive

2   Could _____ me

3   I look forward _____ from you

4   You _____ that

5   We _____ that

6   If _____ queries

7   I am _____ about

8   I am _____

9   I would _____ for

10   _____ to your _____

11   I _____ you to make an _____

12   Please let us _____ the _____

13   Could you _____ of 20%

14   May I _____ your booking

15   Thank you for _____ with us.

16   You _____ that

17   _____ to your brochure

18   I _____ you that

19   This was _____ because

20   We are _____ about

Stichwörter
1   Ich habe mich sehr gefreut
2   Sie bitte senden
3   zu hören
4   werden sehen
5   sind überzeugt
6   Wenn Sie weitere Fragen haben
7   möchte mich beschweren
8   besonders interessiert an
9   mich gerne entschuldigen
10   Mit Bezug auf Ihr Inserat
11   Ich werde Sie anrufen ... Termin
12   die Bedingungen wissen
13   uns einen Rabatt gewähren
14   Sie bitten, zu bestätigen
15   Ihre Bestellung aufgeben
16   sind sicher einverstanden
17   Gemäß
18   Ich muss Sie leider informieren, dass
19   umso unangenehmer
20   tut uns Leid, zu hören

Amerikanischer Brief
Kleine Details: Punkt nach Ms.,
Doppelpunkt nach Anrede.
Briefschluss, wenn Name be-
kannt: Sincerely.
Weiteres zum amerikanischen
Briefstil ab S. 89.

Anlass

Warum schreiben Sie?

Botschaft

Sie geben
Details
bekannt.

Claro?

Was soll der
andere tun?

Dranbleiben

Wie geht es weiter mit der Kommunikation?

Beschwerdebrief – Zusatztraining

Noch eine Reklamation nach dem ABCD-Prinzip, hier mal amerika-
nisch. Eines der Themen ist verspätete Lieferung.

67 **Textbausteine** – Vervollständigen Sie.

Dear Ms. Salinger:

A   I am w_____ to c_____ about your delivery ___
30 notebooks _____ 2 May and I r_____ to inf_____ you
that this did not meet our requirements.

B   F_____ of all, delivery had been promised _____ 20 April.
Al_____, after this delay, we received the Bleep300TS instead
of the Bleep360TX which we had ordered.
Finally, ac_____ to your confirmation _____ 31 March,
we should have rece_____ external mice as well, at the same
package price.

C   I am s_____ you will ag_____ that, under the circumstances,
we should return the consignment immediately. We would
there_____ ap_____ a payment of $680 to cover
our expenses.

D   I am l_____ forward to your early re_____.

Sincerely,

J. Biall

Purchasing Department

68 **Schlüsselwörter**
Wahrscheinlich wissen Sie die meisten schon. Sonst schauen
Sie im Text nach.

1	Lieferung	_____
2	Anforderungen genügen	_____
3	versprochen	_____
4	Verzogerung	_____
5	anstatt	_____
6	Bestätigung	_____
7	Pauschalpreis	_____
8	unter diesen Umständen	_____
9	Sendung	_____
10	Kosten abdecken	_____

Beschwerdebrief – Zusatztraining

69 Ein Kunde beklagt sich über einen defekten Computer.

a Setzen Sie ein. Raten Sie zunächst bis zum Schluss des Briefes, suchen Sie erst im zweiten Durchgang Hilfe am Rand.

Dear Sir or Madam

I am _____ to _____ about both an _____ product and the poor _____ I received from your company.

_____ February 5 I _____ a computer (Model EA7–XP) from your _____. I was _____ that this model was out of _____ and that it could not be _____ immediately, but would _____ delivered _____ two weeks.

Two days _____ I finally _____ the computer. This was more _____ three months after I had _____ my order. I installed it, _____ after five minutes the _____ went blank. A computer expert I _____ said the computer could not be _____.

I am therefore _____ the computer and I _____ a full _____ of the money I _____.

I look forward to your _____ reply.

Yours faithfully

J. Morgan

J. Morgan

ago
be
but
catalogue
complain
consulted
expect
informed
On
ordered
paid
placed
prompt
received
refund
repaired
returning
screen
service
stock
supplied
than
unsatisfactory
within
writing

b Hören Sie nun zur Kontrolle CD-Spur 29.

Standardtest
BEC oder
LAP/Diplomprüfung

Schreibtraining – Please Write!

(70) Beschwerdebrief

Sie haben für Ihr Büro von einem günstigen Discounter in England zwei neue PC und einen Drucker bestellt. Leider müssen Sie die Lieferung, die am 11. Mai bei Ihnen eintraf, beanstanden.

a   Schreiben Sie eine formelle Reklamation, die Sie nachher als Fax und als Brief losschicken.

- Sie mussten 6 Wochen warten, obwohl die Lieferung innert 2 Wochen versprochen war.

- Sie schickten am 1. Mai ein Fax, erhielten aber keine Antwort.

- Noch schlimmer: Nur ein Notebook war vom bestellten Typ. In der zweiten Schachtel war ein anderes.

- Sie möchten jetzt innert 2 Wochen auf Kosten der Lieferfirma das richtige Notebook.

- Sie erwarten Rückerstattung für das Porto beim Zurücksenden des zweiten Computers, den Sie nicht bestellten, sowie 10% Ermäßigung wegen verzögerter Lieferung.

- Für allfällige Fragen geben Sie Ihre Telefonnummer an.

- Schreiben Sie etwa 120 Wörter.

Hier sehen Sie den Lieferschein, der in der Packung lag:

Global PC Plc
69 Wharfcliffe E
London E4G 1A5

promised within two wks – waited 6!

Fn 517-321-8177   VAT Reg No 680/73451/53
FX 517-321-8188

Delivery Note

Order No: 987-654-CBA   Date: 5 May 20__   *received 11 May*

Quantity	Description	Ref No	
2	NB Spader TERA	7531/8642	*1 wrong!*
1	PT Speedy Plus N	97642/8651	

b   Hören Sie nun unseren Lösungsvorschlag auf der CD-Spur 30. Sie können auch mehrmals hören und mitschreiben. Den Text finden Sie im Lösungsheft.

7

Kommunikationsanlass
Problemlösungen
Entschuldigungen

Geschäftsbereich
Transport
Handel

Problemlösung per E-Mail

Schnelle Mails
Telefonieren kann aus verschiedenen Gründen mühsam sein. Zur schnellen Problemlösung wird deshalb oft das Mailsystem eingesetzt. Der Mailverkehr mit neuen Ansprechpersonen wird dann sehr schnell unkompliziert, besonders, wenn in kurzer Zeit viele Mails hin- und hergehen.

71 Setzen Sie die fehlenden Wörter ein. Ein Wort pro Lücke.

AWB: Air-Waybill
Der AWB ist ein Luftfrachtbrief. Er ist die umfassende Rechtsgrundlage für Luftfracht, Zoll und Versicherung bis zum Zielflughafen.

MAWB: Master-Air-Waybill
So heisst der AWB für eine Sammelladung.

jane.mann@pharmachem.ch

To... info@petrotrans.com
Cc...
Ref: Urgent – Wrong Delivery

Dear Sir or Madam

I r_____ to inform you that t_____ is a problem with shipment XC9087/543.

A_____ to your MAWB, the shipment is 377kg.

However, we have only r_____ 245kg.

C_____ you th_____ please let me know whether you have sent the Alasco pallet?

Our officer at the airport is e_____ your immediate reply.

Yours _____

J. Mann

© Der Business-Communication-Trainer, ISBN 978-3-9521442-6-8

72 Sie erhalten die weniger formelle Antwort nach fünf Minuten.

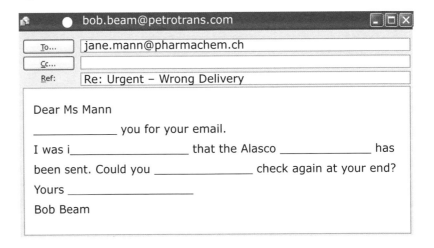

bob.beam@petrotrans.com

To... jane.mann@pharmachem.ch
Cc...
Ref: Re: Urgent – Wrong Delivery

Dear Ms Mann

_____ you for your email.

I was i_____ that the Alasco _____ has been sent. Could you _____ check again at your end?

Yours _____

Bob Beam

Problemlösung per E-Mail

73 Die Kommunikation geht weiter: Sie klären die Situation ab und antworten. Ihre Nachricht ist etwas durcheinander geraten. Ordnen Sie den Ablauf.

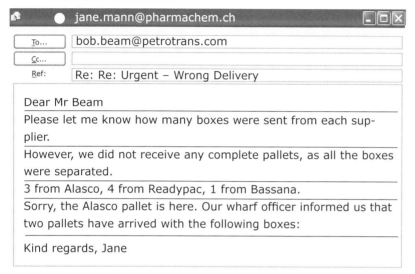

jane.mann@pharmachem.ch

To... bob.beam@petrotrans.com

Cc...

Ref: Re: Re: Urgent – Wrong Delivery

Dear Mr Beam

Please let me know how many boxes were sent from each supplier.

However, we did not receive any complete pallets, as all the boxes were separated.

3 from Alasco, 4 from Readypac, 1 from Bassana.

Sorry, the Alasco pallet is here. Our wharf officer informed us that two pallets have arrived with the following boxes:

Kind regards, Jane

Setzen Sie die Zahlen 1–4 zum
Nummerieren der Absätze

_____

_____
_____

_____

74 Bis zur nächsten Antwort dauert es ein bisschen länger.

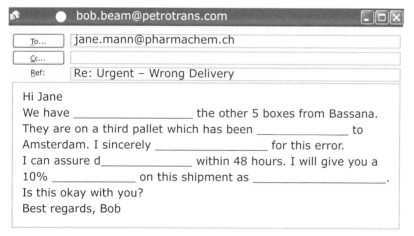

bob.beam@petrotrans.com

To... jane.mann@pharmachem.ch

Cc...

Ref: Re: Urgent – Wrong Delivery

Hi Jane

We have _____ the other 5 boxes from Bassana.
They are on a third pallet which has been _____ to
Amsterdam. I sincerely _____ for this error.
I can assure d_____ within 48 hours. I will give you a
10% _____ on this shipment as _____.
Is this okay with you?
Best regards, Bob

Drei Wörter
Nur diese verraten wir:
_ shipped
_ compensation
_ retrieved.
Die andern finden Sie sicher
selbst.

75 Damit ist die Sache hoffentlich erledigt.

jane.mann@pharmachem.ch

To... bob.beam@petrotrans.com

Cc...

Ref: Re: Urgent – Wrong Delivery

Okay, _____. Let's _____ for the best.
Jane

Zusatztraining – Entschuldigung

Nachstehend eine formelle Entschuldigung aus dem Textilsektor. Herr White konnte Herrn Knievel telefonisch nicht erreichen, also schickte er einen Brief. Hier ist nun die Antwort. Ursache der Verspätung war ein Fabrikbrand.

76 **Entschuldigung**
Setzen Sie, vielleicht zunächst mit Bleistift, einzelne Wörter ein.

• **Superstitch AG** • **Stickereiallee 69** • **CH-9000 St. Gallen** •

. . . .

Dear Mr White

I _____ writing in res_____ to your letter _____ 30 January

c_____ the late _____ of your or_____ number

SE 395.

_____ of _____, I would like to _____ for the

_____ and the difficulties you had in trying to _____ me by

phone. You _____ have heard that we had a fire in one of

our _____. _____, our entire

_____ of men's shirts was destroyed. _____ was also

con_____ damage to our machinery. _____, I

am happy to inform you that all the machines have now _____

replaced, and we should be _____ to send your order out next week.

We r_____ any _____ this delay has

_____ you and a_____ you any future orders will be

dealt with punctually and ef_____.

Yours _____

E. Knievel

E. Knievel (Mr)

Sales Manager

→   Hören Sie nun die CD-Spur 31. Kontrollieren Sie dann mit dem Lösungsheft.   © Der Business-Communication-Trainer, ISBN 978-3-9521442-6-8

77 **Schreibtraining Entschuldigung** (Diktat CD-Spur 32)
Schreiben Sie die Einzelsätze aus einem Entschuldigungsbrief von der CD mit Ihrem Computer. Überprüfen Sie dann mit dem Korrekturprogramm sowie mit dem Beiheft.

Richtiges Aufzählen
Hier die wichtigsten Bindewörter zum Aufzählen oder Anreihen:

- **and** – und
- **also** – auch
- **as well as** – wie auch
- **in addition** – ebenfalls
- **together with** – zusammen mit / verbunden mit

Zusatztraining – Entschuldigung

(78) Verzögerte Lieferung

Der folgende Brief ist schlecht kopiert worden. Buchstaben müssen ergänzt werden. Ein einzelner Strich steht für genau einen Buchstaben. Eine schwarze Linie bedeutet, dass Sie selbst entscheiden, wie viele Buchstaben eingesetzt werden müssen.

12 _ _ tob _ _ 20 . .

Dear Mr Black

Th _ _ _ you for your o _ _ _ _ num _ _ _ 8717 for 2,500 h_____-speed net mod _ _ _ .

Unfort_____, the ship_____ has be_____ dela____d b__cause of the dock worke _ _ strike. We ho _ _ to _ hip the con_____ment from _ urop _ to an _ nglish port and on to your w_____house wit _ _ _ the next 15 da___ . We since_____ a_____ gise for the dela _ and any inconv _ _ _ _ nce this may c___se you.

We w _ _ _ ship the go_____ _ _ soon as th _ _ are av_____able. If you wi _ _ to can _ _ _ your order, ple_____ let _ s _____ and we will ar_____e a r _ fund or cre _ _ _, w _ _chever you mi _ _ _ pref____.

Ag _ _ _, we a_____ise for the del _ _ .

Yours _____

J. Baits

Jill Baits

Vi _ e _ resid _ nt

→ Hören Sie nun die CD-Spur 33. Kontrollieren Sie dann mit dem Lösungsheft.

Tipps zur Rechtschreibung

Da Ihr Computer die meisten Rechtschreibe- oder Tippfehler findet, ist es eine gute Idee, Übungen mit der Tastatur zu schreiben. So lernen Sie die richtige Buchstabenfolge. Als Sprache können Sie britisches, amerikanisches oder noch weitere Varianten von Englisch wählen. Die wichtigsten Rechtschreibetipps finden Sie im Beiheft.

Lager

Die gelagerte Ware heißt *stock*, am Lager *on stock*.
Das Lagerhaus nennt man *warehouse*, im Gebäude ist *in the warehouse*
Das tönt sehr nach dem deutschen Wort Warenhaus, aber Sie wissen sicher, dass dieses im Englischen *department store* heißt.

Schreibtraining – Please Write!

Standardtest
BEC oder
LAP/Diplomprüfung

79 **Entschuldigung**

Sie erhalten von einer Kundin in Hongkong per Fax den folgenden Brief:

a Schreiben Sie eine formelle Entschuldigung («wir-Form») an Frau Nie.

- Danken Sie ihr für ihren Brief.

- Entschuldigen Sie sich für den Irrtum.

- Erklären Sie, was geschehen ist. Die Kundin hatte Recht.

- Schreiben Sie, was Sie unternehmen werden, um das Problem zu beheben: Sie senden die Uhren heute los.

- Die Kundin soll die Uhren auf Ihre Kosten zurücksenden, falls sie diese nicht brauchen kann. Gewähren Sie der Kundin einen Rabatt von 5%.

- Für allfällige Fragen geben Sie Ihre Telefonnummer an.

- Schreiben Sie etwa 80–100 Wörter.

Precious Time Ltd
Shop 1910 IFC Mall,
1 Harbour View Street, Central,
Hong Kong
Telephone: ı852 2295 0028

Fax to: Forever Watches
     +41 32 456 27 21

Re: Order No 2010/ GW345

Dear Sir or Madam

On 10 June we ordered 70 watches from your collection as follows:

Quantity	Description	Ref No
40	1984 Moonphase	8615.69.41.1117D
20	Niki Sailing Watch	1690.41.40.1116
10	Forever Platinum	8524.78.91.1140

When we received the consignment, we found that you sent us 70 Forever Platinum but nothing else. We noticed that the delivery note in the package was addressed to a different company, which might explain the error.

We look forward to hearing from you by return and receiving an explanation of this mistake.

Yours faithfully
E-Ping Nie
E-Ping Nie (Mrs)
Purchasing Department

---

b Hören Sie nun den Lösungsvorschlag auf CD-Spur 34. Den Text finden Sie im Beiheft.

Fitness-Test

80 **Testen Sie sich.**
Setzen Sie ein.

1   I am writing to _____ about

2   we regret any _____

3   We would _____ an explanation

4   I would like to _____ for this error

5   _____ had been promised by 7 May

6   _____ to your catalogue

7   We have to _____ the consignment

8   If this meets your _____

9   to _____ our _____

10 Thank you for your _____

11 _____ service

12 I _____ you we will

13 We hope this has not _____ you

14 _____, I am pleased to

15 the _____ was wrong

16 we hope to receive an _____

17 Please reply _____

18 _____ price

19 I _____ a full refund

20 _____ Department

Stichworte

1   Leider muss ich mich be-
    schweren wegen

2   Unannehmlichkeit

3   schätzen

4   mich entschuldigen

5   Lieferung

6   Laut, Gemäß

7   zurücksenden

8   Anforderungen

9   Kosten, Auslagen decken

10 baldige Antwort

11 unbefriedigend

12 versichere

13 verursacht

14 Dennoch

15 Lieferschein

16 Erklärung

17 umgehend

18 Pauschal-

19 erwarte

20 Einkaufs-

8

Stil & Layout von Geschäftsbriefen
Amerikanischer Briefstil

Kommunikationsanlass
Personenwechsel bekannt geben
Preise kommunizieren
Ankündigungen

Geschäftsbereich
Liegenschaftenverwaltung
Mietverträge

Personenwechsel

Hier das Muster eines amerikanischen Geschäftsbriefes:

Unterschiede zum britischen Modell

- Im Datum steht zuerst der Monat, kurz:
  7-21-2017.

- Die Betreffzeile steht vor der Anrede wie im Deutschen.

- Nach der Anrede steht ein Doppelpunkt:

- An eine Firma
  Ladies and Gentlemen:

- Bei Empfehlungsschreiben, Arbeitszeugnissen etc.
  To whom it may concern:

- Wenn Name bekannt
  Dear Ms. (mit Punkt!) Black:
  Dear Mrs. Hanson:
  Dear Mr. Ryan:

- Oft ist die amerikanische Briefsprache direkter und persönlicher.

- Bei der Telefonnummer steht die Präposition at an Stelle von on.

- Schlussformeln, zuerst die formellste (Erstkontakt, Sie kennen den Namen nicht):
  Yours truly
  Very truly yours
  Respectfully yours

- Weniger formell:
  Cordially
  Cordially yours
  (persönlich)

- Sincerely (höflich, geht immer, wenn die Person mit Namen angesprochen wird).

- Danach setzen die Amerikaner ein Komma.

Prima Estate Immobilien
Flughafenstrasse 747 • CH-8052 Zürich

July 21, 2017

Ms. Nancy Turner
Artherstrasse 34
6300 Zug

New Representative

Dear Ms. Turner:

I am happy to introduce our new representative for your premises, Mr. Chris Terry. Chris will be in charge of servicing your account.   A

Chris holds a degree in Business Administration. For the last three years he has worked with Cologne Fiduciary as a real estate counselor. We are proud to have him with us and are convinced he will be able to give you the best of services.   B

Chris will be contacting you within the next two weeks to personally introduce himself and answer any questions you might have.   C

Please do not hesitate to call us at 044 555 77 77 if there is anything we can do for you.   D

Sincerely,

M. Homburger
Max Homburger
Director

Firmenname, Adresse

 81 **Namensänderung**
Setzen Sie die Wörter am Rand ein.

«T» Line Air Cargo Services Corp.

44695 Aviation Drive
Dulles, VA 20166   June 10, 20__
Telephone: 703-260-1800
Fax: 703-260-1802

Bear City Real Estate Ltd.
Gorkistrasse 12
D-13507 Berlin

Ladies and Gentlemen:

We are happy to _____ you that as from September 1 «T»
Line Air Cargo Services Corp. will _____ its name to

Twin Air Cargo

_____ update your records accordingly. _____
that all payments and future correspondence will be under the new
company name. _____ from the change of name, all other details
will _____ the same.
Thank you very much for your _____ in this matter.
We are _____ to continue giving you the kind of service you
have come to _____ from us.
Yours _____,

S. Pinetree

Sam Pinetree
CEO

All business is undertaken subject to the company's trading conditions, copies are available on request. Corporate registration No. 345987126-IQ

Tipp: Rechtschreibung

GB	↔	USA
cent**re**		cent**er**
fav**our**		fav**or**
real**ize**		real**ise**
catalo**gue**		catal**og**

Unterschiede bei einigen En-
dungen sind häufig. Es gibt aber
auch eine Menge einzelner kleiner
Unterschiede. In der Praxis ist
das alles heute dank Computer
kein Problem: Sie wählen die gewünschte Sprache bei der Einstel-
lung unter «Überprüfen/Sprache».

advise
Apart
change
cooperation
expect
Kindly
Please note
proud
remain
truly

Schlüsselwörter
update
    nachführen, auf den neuen
    Stand bringen

accordingly
    entsprechend

apart from
    abgesehen von

Preiserhöhung kommunizieren

 82 **Mietzinsanpassung**
Sie finden Textbausteine am Rand. Setzen Sie diese ein.

Vokabular Miete

Mietvertrag heißt
_ contract/lease
  (Vgl. Leasing bei Fahrzeugen)

Gebäude oder die Liegenschaft
_ premises

«Zu vermieten» ist
_ for rent (US), to let (GB).

Kündigen heißt
_ to give notice

beenden
_ to terminate

Mieter
_ tenant

Mietliegenschaft
_ tenement

Vermieter/in
_ landlord, landlady

has forced us
if there is anything
Please
Sincerely
Thank you for
thank you for
We are sure you
we feel that
we regret
We hope

Prima Estate Immobilien
Brachstrasse 69 • 6003 Luzern • 041 248 48 48

June 15, 20__

Mr.
William George
Alpenquai 10
6000 Luzern

Notification of rent adjustment

Dear Mr. George:

A   _____ your patience during the recent period of renovation and improvements on the premises. _____ that the new insulation and double-glazed windows will contribute to your well-being.

B   _____ realize that the rent for your apartment did not rise for the last 3 years. However, _____ to notify you that this investment _____ to slightly increase the monthly rent to CHF 2,900, effective from October 1.

C   We _____ your understanding in this matter, and _____ the apartment will still be excellent value for money.

D   _____ call us at 044 555 77 77___ _____ _____ we can do for you.

_____,

C. Terry
Chris Terry
Customer Service

---

b   Hören Sie nun CD-Spur 35. Kontrollieren Sie dann mit dem Lösungsheft.

Vertragsverlängerung

 Mietvertrag
Füllen Sie die Lücken. Überprüfen Sie dann mit den
Wörtern am Rand.

Prudential Douglas Elliman Real Estate
205 East 42nd Street • New York, N.Y.10017

February 12, 20__

Prima Estate
Manhattan Business Center
Office 106
74 6th Avenue
New York, N. Y. 10012

Renewal of your contract

Ladies and Gentlemen:

_____ you know, your _____ for office 106 in the City Business
Centre will _____ on June 30. Enclosed you will _____ a
contract to extend your _____ for an additional five years.
The contract includes a rental of $795 per month. This _____
reflects our _____ in the new security system
_____ the general rise in _____-_____ prices
in this area.
Please sign both _____ of the contract. We would
_____ your returning them to our office at _____
2 months before the lease expiry _____. A signed copy will be returned to you for your _____.
We _____ that your tenancy in our building has been satisfactory.
If you have any _____ or suggestions for improvement,
please do not hesitate to call me ____ (212) 692-8327.

Yours _____,

G. Segal

George Segal
Manager

appreciate schätzen	
at unter	
As Wie	
as well as wie auch	
copies Exemplare	
date Datum	
expire auslaufen	
find finden, sehen	
hope hoffen	
investments Investitionen	
lease Mietvertrag, Miete	
least mindestens	
questions Fragen	
rate Mietpreis/Tarif	
real-estate Immobilien	
records Akten	
tenancy Mietverhältnis	
truly freundlich	

→ Hören Sie nun CD-Spur 36.

Training Immobilien

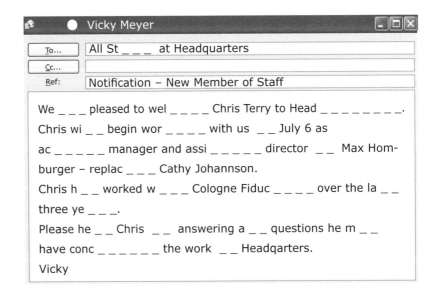

84 **Schlüsselwörter**

Sicher wissen Sie die meisten schon. Sonst schauen Sie am Rand nach.

apart from
effective (from)
extend
fiduciary
general rise
in charge of
increase
insulation
lease expiry
owner
premises
reflect
renovation
rent
security

1	Liegenschaft, Räume	_____
2	zuständig für	_____
3	treuhänderisch	_____
4	Instandstellung	_____
5	Isolation	_____
6	Mietzins	_____
7	erhöhen	_____
8	per, mit Wirkung auf	_____
9	ausweiten, verlängern	_____
10	Rechnung tragen, spiegeln	_____
11	Sicherheit	_____
12	allgemeiner Anstieg	_____
13	Ablauf des Mietvertrages	_____
14	Eigentümer/in	_____
15	Abgesehen von	_____

85 **Memo per Mail**

Informieren Sie Ihre Mitarbeitenden mit einer internen Mail über den neuen Mitarbeiter, Herrn Terry. Vervollständigen Sie den Text.

Vicky Meyer

To... | All St _ _ _ at Headquarters
Cc... |
Ref: | Notification – New Member of Staff

We _ _ _ pleased to wel _ _ _ _ Chris Terry to Head _ _ _ _ _ _ _ _.
Chris wi _ _ begin wor _ _ _ _ with us _ _ July 6 as
ac _ _ _ _ _ manager and assi _ _ _ _ _ director _ _ Max Homburger – replac _ _ _ Cathy Johannson.
Chris h _ _ worked w _ _ _ Cologne Fiduc _ _ _ _ over the la _ _
three ye _ _ _.
Please he _ _ Chris _ _ answering a _ _ questions he m _ _
have conc _ _ _ _ _ _ _ the work _ _ Headqarters.
Vicky

Fitness-Test

86 Übersetzen Sie die Textbausteine am Rand.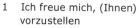

1   I am h_____

2   We _____

3   _____

4   _____

5   We _____ that

6   We are _____

7   We are pleased ___ a _____ you

8   _____ to no _____ you

9   Ms Jones _____

10 _____

11 _____

12 c _____

13 _____

14 _____

15 _____

16 _____

17 _____ about

18 You _____

19 _____ to the _____

20 Pl _____

1   Ich freue mich, (Ihnen) vorzustellen

2   Wir hoffen, dass

3   Halten Sie bitte fest, dass

4   Wie Sie wissen

5   Wir sind überzeugt

6   Wir sind gezwungen

7   Gerne machen wir Sie darauf aufmerksam

8   Wir müssen Ihnen leider mitteilen

9   wird zuständig sein für

10 Wir meinen (haben das Gefühl), dass

11 Bitte heißen Sie willkommen

12 die Arbeit betreffend

13 Bitte unterzeichnen Sie

14 Abgesehen von

15 X hat bei Y gearbeitet

16 Danke für Ihr Verständnis

17 Ich möchte mich beschweren

18 Sie sind sicher einverstanden

19 Gemäß dem Vertrag

20 Anbei erhalten Sie

- Sie bedanken sich für das Entgegenkommen während der Zeit der Umbauten.

- Sie hoffen, dass Frau Hatcher die neue Küchen- und Badezimmereinrichtung gefällt.

- Die Investitionen und dazu ein Anstieg des Hypothekarzinssatzes von 0,875 % im letzten Jahr zwingen Sie, die Miete auf 1. April zu erhöhen.

- Sie danken für das Verständnis, und Sie meinen, die Wohnung sei immer noch preiswert.

- Für allfällige Fragen geben Sie Ihre Telefonnummer an.

- Der Text hat etwa 100-120 Wörter.

Schreibtraining – Please Write!

87 **Mietzinserhöhung**

Schreiben Sie einen datierten Brief an Frau Hatcher. Beachten Sie die Punkte am Rand. Sie können die folgende Vorlage benützen oder aber frei schreiben.

_____, 20___

Dear Ms. Hatcher:

_____ your _____

during the recent period of _____ in your apartment

complex. _____ with the new

kitchen and bathroom _____.

This investment _____

_____ during the last 12 months

_____ the monthly _____ to

CHF 2,400, _____.

_____ .

_____ the apartment is still _____

_____ even after this slight adjustment.

at 044 321 3141 if there is anything I can do for you.

Sincerely,

Your Name

→ Hören Sie nun unseren Lösungsvorschlag auf der CD-Spur 37. Den Text finden Sie im Lösungsheft.

9

Kommunikationsanlass

Mahnungen
Zahlungsverzug

Geschäftsbereich

Bank
Zahlungsverkehr

Erste Mahnung

Zahlungserinnerungen sind kurz und knapp. Sie sind Routine und werden oft als Standardbrief automatisch vom Computer erstellt.

ABCD-Prinzip

A   Anlass — Warum?
B   Botschaft — Details
C   Claro? — Aufforderung
D   Dranbleiben — Kontakt

Dear Mr Pound

A   ACCOUNT NUMBER 00.04-231
According to our records, the above account has not yet been settled.

B   We enclose a copy of your statement dated 10 April 2007, which shows the amount owing to be £435.

C   We hope to receive an early settlement.

D   Please disregard this reminder if payment has already been made.

Yours sincerely
J. Warner
Accountant

Training Schlüsselbegriffe

88 Hier einige Standardformulierungen für Mahnungen. Ergänzen Sie mit Hilfe der Mahnung oben und den Wörtern am Rand.

Some key words

Mahnung
  reminder, notice
ausstehend
  outstanding
fällig
  owing / due
ein Konto ausgleichen
  settle an account
Kontoauszug
  statement
Rechnung
  invoice
überfällig
  overdue
Zahlung
  payment

1   Please make this pa_____ by 31 March.

2   Please pay the outs_____ am_____ into this ac_____.

3   The st_____ shows the amount d___ to be $700.

4   We enclose a copy of the original in_____ for £1,980.

5   Fu_____ to our reminder of 30 May, we re_____ to find that your p_____ of $487 is now 60 days ov_____.

6   Please s_____ the am_____ as soon as possible.

7   Please disregard this notice if p_____ has already been made.

→   CD-Spur 38

Zweite Mahnung

89 Vervollständigen Sie die folgende zweite Mahnung.
Verwenden Sie dazu Wörter von der vorherigen Seite.
Welche neuen Elemente entdecken Sie?

Dear Sir _____ _____

_____ _____ 00.04-231 / 2nd reminder

A_____ to our _____, the a_____

a_____ has still not _____ s_____.

We wrote to you on 31 May and enclosed a copy of your statement

dated 10 April 2017, but the out_____ a_____ of

£435 due by 20 June has not yet been received.

Please s_____ the ac_____ within 10 working days to

avoid any further inconvenience.

If you wish to discuss this mat_____, please con_____ me on

800-333-9119 by return.

Yours faithfully

J. Warner

Accountant

© Der Business-Communication-Trainer, ISBN 978-3-9521442-6-8

Zahlungsmoral

Bleibt eine Zahlungserinnerung ohne Wirkung, erfolgt eine zweite Mahnung.
Diese darf kurz sein. Ist der Kunde aber wichtig, so kann die Mahnung länger und individueller werden.

by oder until?

Beides heißt deutsch bis.
The shop is open until 7.
Man gibt mit until an, bis zu welchem Zeitpunkt etwas andauert.

Please remit this amount by 5 May.
By bezeichnet den letztmöglichen Termin, englisch «Deadline».

90 **Schreibtraining Mahnung** – CD-Spur 39
Schreiben Sie die Sätze aus einem Mahnungsbrief von der CD auf ein Blatt. Überprüfen Sie dann mit dem Beiheft.

91 **Schreibtraining Zweite Mahnung** – CD-Spur 40
Schreiben Sie einige weitere Sätze aus einem Mahnungsbrief von der CD auf ein Blatt. Überprüfen Sie dann mit dem Lösungsheft.

Training Textbausteine

(92) **Mahnung mit Sinn für Humor**
Setzen Sie ein.

_____ No. P666-969

Dear Sir or Madam

We are sure you will ag_____ that a r_____ should be brief, polite and successful.

This reminder is brief. In a_____, it is meant to be polite. And we are c_____ that you w_____ make it successful.

T_____ y_____ f_____ your response.

Yours _____

Telesales Ltd.

Please d_____ this r_____ if payment has already been made.

© Der Business-Communication-Trainer, ISBN 978-3-9521442-6-8

Training Finanzvokabular 2

(93) **Schlüsselbegriffe**
Setzen Sie ein.

We are writing again about your _____ number 4133 for £250.14, which has been _____ to us because of insufficient _____.

We contacted you once before about this _____, but there has been no reply.

_____ 15 working days from the date of this letter, we expect to _____ payment for £250.14 _____ a £10 _____ to cover bank _____ for the bounced cheque, making a _____ of £260.14.

If you are _____ to send payment for the _____ amount, please call me to explain the _____ and work out a payment _____.

charge
cheque
circumstances
entire
fees
funds
matter
plus
receive
returned
solution
total
unable
Within

Hören Sie nun den Lösungsvorschlag auf der CD-Spur 41.
Den Text finden Sie auch im Lösungsheft.

Training Schlüsselbegriffe

94 **Crossword**

Rückvergütung
Schuldner/in
Zahlung
Zins
Rate, Teilzahlung
Gläubiger/in
Darlehen
Fonds, Gelder
Zahlungsfähigkeit
Anzahlung

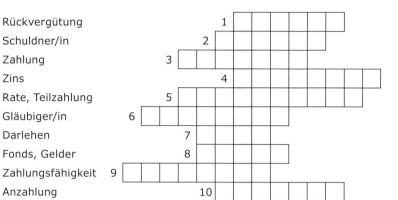

Schlagen Sie unbekannte Wörter im Wörterbuch nach.
Das Lösungswort senkrecht ist englisch für «Überweisung».

Fitness-Test

95 Setzen Sie ein.

1   Please _ _ _ _ a copy _ _ the inv_ _ _ _ enclosed

2   We su_ _ _ _ _ a payment so_ _ _ _ _ _ with four inst_ _ _ _ _ _ _

3   Ac_ _ _ _ _ _ _ to our re_ _ _ _ _

4   Please rem_ _ the out_ _ _ _ _ _ _ _ amount _ _ 1 March

5   The ac_ _ _ _ _ has not yet been se_ _ _ _ _

6   We h_ _ _ to re_ _ _ _ _ an early set_ _ _ _ _ _ _

7   Please dis_ _ _ _ _ _ this no_ _ _ _ if

8   We e_ _ _ _ _ _ a co_ _ of your sta_ _ _ _ _ _

9   The am_ _ _ _ d_ _ is EUR 2,875

10   Please m_ _ _ this pa_ _ _ _ _ by 31 May

11   Fu_ _ _ _ _ to our re_ _ _ _ _ _ of 15 April

12   If you wi_ _ to dis_ _ _ _ this ma_ _ _ _

13   We are wr_ _ _ _ _ about your ch_ _ _ _ number 3312

14   If you are un_ _ _ _ to se_ _ pa_ _ _ _ _

15   P_ _ _ _ _ send payment w_ _ _ _ _ 7 wor_ _ _ _ days

16   To av _ _ _ any further in_ _ _ _ _ _ _ _ _ _

17   We r_ _ _ _ _ to advise you that

18   The dep_ _ _ _ _ of EUR 780 is d_ _ for payment on

19   You wi_ _ ag_ _ _ that these circ_ _ _ _ _ _ _ _

20   if payment _ _ _ already _ _ _ _ made

Standardtest
BEC, Diplomprüfung oder
Lehrabschlussprüfung

- Sie haben eine erste Erinnerung am 10. Juni geschickt.

- Die Zahlung ist bis am 30. Juli nicht eingegangen.

- Er soll eine Kopie der Originalrechnung vom 3. Mai beilegen.

- Zahlung innert 10 Tagen! Sonst Mahngebühr von € 10.

- Schreiben Sie etwa 50-60 Wörter.

- Kundennummer: 776655.

- Rechnungsbetrag: €3'750.

- Die Kundin soll sich sofort nach Erhalt der Mahnung melden, falls sie die Angelegenheit zu besprechen wünscht.

- Für allfällige Fragen geben Sie Ihre Telefonnummer an.

- Der Text soll etwa 80 bis 100 Wörter zählen.

Schreibtraining – Please Write!

96 Memo

Ihr neuer englischer Mitarbeiter soll eine Kundin wegen Zahlungsverzug mahnen. Schreiben Sie ihm ein Memo mit dem Auftrag per interne Mail.

From: Your.Name@Mailorder.de
To: Tom.Jones@Mailorder.de
Re: Reminder Ms Liz Nevapei

_____

_____

_____

_____

_____

97 Mahnungsbrief

Leider kommt per Mail eine automatische Abwesenheitsnotiz von Ihrem Mitarbeiter, Herrn Jones, zurück. Sie müssen die 2. Mahnung also selbst schreiben.

Schreiben Sie den Brief auf separates Papier, am besten am Computer.

Ms L. Nevapei
Alte Potsdamer Straße 69
D-10785 Berlin

_____

Dear _____

_____

_____

Your Name

→ Hören Sie nun unseren Lösungsvorschlag auf der CD–Spur 42. Den Text finden Sie im Lösungsheft.

10

Kommunikationsanlass

Gedruckte Einladung
Einladungsbrief
Dankesbrief

Geschäftsbereich

Events
Veranstaltungen

Gedruckte Einladung

Mr & Mrs Jochen Hehn
Die Frau trägt auch den Vornamen des Mannes. Das ist die übliche Anrede für ein Ehepaar.

Kleidung
casual dress
    Straßenkleidung

R.S.V.P.
Um Antwort wird gebeten.
Aus dem Französischen:
«Répondez s'il vous plaît!»

> Prestige Press Plc
> **request the pleasure of the company of**
> *Mr & Mrs Jochen Hehn*
> at the award ceremony of the
> «Golden Watch»
> **to be held** at the
> Royal Albert Hall
> **on** Saturday, 12 October, **at** 7pm
>
> Formal dress   R.S.V.P.

Gedruckte Einladungskarten sind selbst für private Anlässe (Hochzeit) eine sehr formelle Angelegenheit. Die Wortwahl entspricht dann diesem gehobenen Stil.

© Der Business-Communication-Trainer, ISBN 978-3-9521442-6-8

Training Schlüsselbegriffe

98 Hier einige Standardformulierungen für Einladungen. Ergänzen Sie mit Hilfe der Vorlage oben und den Wörtern am Rand.

anniversary
annual
at
at
attend
be
celebrate
ceremony
could
Customer
held
invite
invited
invited
on
pleased
show
would

1   Dear Mr and Mrs Schmitt

We are pleased to _____ you to _____ our _____ convention to be _____ at the Fairmont Hotel Vier Jahreszeiten in Hamburg ____ Friday, 25 April, _____ 10 am. You are also _____ to the gala dinner ___ 6 pm.

2   Dear _____

You are _____ to attend the opening _____ of our annual _____ «Texts & Voices» to ____ held at the Shakespeare Hall on …

3   Dear Rose and Martin

We _____ be _____ if you _____ come to the event we have organised to _____ our company's 30th _____.

→   CD-Spur 43

Dankesbrief auf Einladung

99 Vervollständigen Sie den sehr formell verfassten Kurztext.

Mr & Mrs Jochen Hehn _____ Prestige Press for their _____
_____ to the award ceremony of the Golden Watch at
the Royal Albert Hall, _____ they are _____
to _____ .

accept
delighted
invitation
kind
thank
which

Etwas weniger formell tönt die Zusage so:

Thank you for your kind invitation to the annual convention and
gala dinner, which we are pleased to accept.

Absage
…, which we are unfortunately
unable to accept (owing to a
prior engagement)

Training Dankesbriefe

100 Die folgenden Standardwendungen sind nach Formalität
angeordnet. Der formellste Briefanfang kommt zuerst.
Setzen Sie ein.

1 Dear Senator
Please _____ our _____ thanks for
your most valuable assistance in establishing contact with
the chairwoman of the National Committee for …

accept
for
sincerest
so
thank
thanks
welcome
would

2 Dear Mr & Mrs Green
We _____ like to _____ you very much for
your hospitality and kind assistance during our visit to …

3 Dear Mr Black
Many _____ for your warm _____ on the
occasion of …

4 Dear Susan
Thanks _____ much _____ your help and kindness during
my stay at …

Fitness-Test

101 **Testen Sie Ihren Erfolg** – Setzen Sie ein.

1   Mr & Mrs George William Bersch r_ _ _ _ _ _ the honour of your
    presence _ _ the marriage of their daughter Nancy and …
2   One Ltd request the p_ _ _ _ _ _ _ of the com_ _ _ _ of
3   We are pl_ _ _ _ _ to i_ _ _ _ _ you_ _ _
4   … to c_ _ _ _ _ _ _ _ our company's 20th anniversary
5   The cer_ _ _ _ _ is to be h_ _ _ at the
6   You are in_ _ _ _ _ to at_ _ _ _ the gala dinner
7   T_ _ _ _ you for your k_ _ _ inv_ _ _ _ _ _ _ to the …
8   … , w_ _ _ _ we are pl_ _ _ _ _ to accept
9   … , w_ _ _ _ we are unf_ _ _ _ _ _ _ _ _ unable to accept …
10 … o_ _ _ _ to a prior en_ _ _ _ _ _ _ _.
    Und von früher:
11 Ac_ _ _ _ _ _ _ to our re_ _ _ _ _, the above …
12 … ac_ _ _ _ _ has not yet been set_ _ _ _.
13 Please dis_ _ _ _ _ _ this letter if …
14 … you _ _ _ _ already s_ _ _ your p_ _ _ _ _ _.
15 F_ _ _ _ _ _ to our re_ _ _ _ _ _ of 14 July, we
16 We r_ _ _ _ _ to inform you that the a_ _ _ _ _ d_ _
17 I am wri_ _ _ _ to com_ _ _ _ _ _ about your deli_ _ _ _
18 We would app_ _ _ _ _ _ _ an expla_ _ _ _ _ _
19 You wi_ _ ag_ _ _ that it wo_ _ _ be best to
20 We are pl_ _ _ _ _ to adv_ _ _ you of our new address.

Please Write! – Schreibtraining

102 **Mail**

Bedanken Sie sich bei Ihrem Geschäftspartner, James
Brown, für seine Gastfreundschaft und die freundliche
Unterstützung, die er Ihnen anlässlich Ihrer Geschäftsreise
nach England entgegengebracht hat. Sie hoffen, er komme
Sie auch bald besuchen, damit Sie ihm ihre Firma zeigen
können, und freuen sich darauf, ihn wiederzusehen.

→   Hören Sie dann unseren Vorschlag auf der CD-Spur 44.

Standardtest
BEC, Diplomprüfung oder
Lehrabschlussprüfung

• Schreiben Sie etwa 40 bis
  50 Wörter.

11

Kommunikationsanlass
Werbung
Imagepflege

Geschäftsbereich
Handel
Dienstleistung

Werbebrief

 103 Vervollständigen Sie diesen breit gestreuten Kundenbrief mit den Wörtern am Rand.

Auf den Stil kommt es an
Damit Werbebriefe die gewünschte Wirkung erzielen, müssen sie besonders sorgfältig geplant werden. Sprechen Sie den Empfänger immer wieder persönlich an und führen Sie ihm seinen persönlichen Nutzen deutlich vor Augen. Besonders direkt wirkt eine (eventuell handschriftliche) P.S.-Zeile am Schluss.

agents
amazing
announce
customers
demonstrate
established
known
now
proud
see
seeing
sure

Dear Customer

Dixon's Hardware Store **is pleased to** _____ a new line of Cook'n'Kit household appliances. We are now sole _____ for the _____ Cook'n'Kit products in your area.

Cook'n'Kit products, _____ for more than three decades on the Continent, have _____ been introduced to Great Britain, and **we are** _____ **to** present this new line to our valued _____. Cook'n'Kit specializes in smart appliances which are _____ for their quality, design and durability.

So that you may _____ the new Cook'n'Kit products in action, we have arranged to _____ them this Saturday, 15 July, at our store from 8 to 6. **Special discounts are available** on this day, so be _____ to **profit from them now.**

We look forward to _____ you this Saturday.

Yours faithfully

G. Lutton

Store Manager

P.S. See the enclosed leaflet for our exciting July offers at simply unbelievable prices!

→   CD-Spur 45

Inserat

104 Setzen Sie die Wörter vom Rand ein.

GAS — The Galloping Accountant Service

_____ you own a small business? _____ you fed up with all the paperwork?

_____ us now. We _____ specific solutions tailored to your needs: typing, accounting, tax files etc., in your office or out, part-time or full-time, whenever you _____ us.

_____ miss your 10% discount in January!

Call 1-800-666-0707 now and _____ for Jane.

Are
ask
Call
Do
Don't
need
offer

Training Werbevokabular

 Ergänzen Sie die folgende Lernliste mit dem wirkungs-
vollen Werbevokabular aus dem Musterbrief.

1   neu   _____

2   jetzt   _____

3   Qualität   _____

4   bekanntgeben   _____

5   einführen   _____

6   erhältlich   _____

7   erstaunlich   _____

8   Angebot   _____

9   unglaublich   _____

10 einfach das Beste _____ the best

11 Rabatt   _____

12 Profitieren Sie von _____

13 aufregend   _____

14 elegant, intelligent _____

© Der Business-Communication-Trainer, ISBN 978-3-9521442-6-8

Werbevokabular
Lernen Sie jetzt die werbewirk-
samen Formulierungen der Profis!
Wir verraten Ihnen die besten
Wörter!
Zögern Sie nicht!
Greifen Sie zu!
Profitieren Sie!
Verpassen Sie diese Chance nicht!

Und hier noch ein paar weitere, die Sie am Rand finden:

15 neuste   _____

16 wert   _____

17 garantiert   _____

18 erprobt   _____

19 echt   _____

20 noch besser   _____

21 Schnäppchen   _____

22 Sparen Sie!   _____

23 bemerkenswert _____

24 Vergleichen Sie nur! _____

25 empfohlen von Profis _____
                      by professionals

bargain
guaranteed
improved
Just compare!
latest
real
remarkable
recommended
Save!
tested
worth

Training Werbebrief

 106 Fast alle Firmen tätigen Geschäfte im Internet. Ergänzen Sie den folgenden, persönlich adressierten Werbebrief einer jungen Softwarefirma. Benutzen Sie die verkaufsfördernden Ausdrücke aus der vorherigen Übung.

A – Anlass
Warum schreiben Sie?

B – Botschaft
Sie geben Details bekannt.

C – Claro?
Was soll der andere tun?

D – Dranbleiben
Wie geht es weiter mit der Kommunikation?

Dear Mr Guinness
I am writing to int_____ myself and to let you know of the
am_____ E-Business Allround solutions n_____
av_____ from E-Cetera.
You and your firm have been r_____ by the local
Chamber of Commerce. Director J. Allan indicated that you may be
interested in our r_____ software solutions and services.
I enclose our l_____ brochure.
I will be in your area the last week in May. I would like to meet you to
explain how si_____ it is to p_____ from the
n_____ and ex_____ sales opportunities E-Cetera can
o_____ you.
I will call you within two weeks to make an appointment. If you
have any questions before then, please do not hesitate to call me on
1-800-444-1234. I look forward to meeting you.
Yours sincerely

T. Wiry
T. Wiry
Sales Representative

Fitness-Test

 107 **Testen Sie sich.** Setzen Sie ein.

1   You m_ _ be int_ _ _ _ _ _ _ to see our …

2   I en_ _ _ _ _ our la_ _ _ _ brochure.

3   I wi_ _ call you wi_ _ _ _ two weeks to …

4   Our solu_ _ _ _ will be tai_ _ _ _ _ to your n_ _ _ _ .

5   We req_ _ _ _ the plea_ _ _ _ of your com_ _ _ _ at …

6   We are sure you will app_ _ _ _ _ _ _ our new range of …

7   We ho_ _ this has not ca_ _ _ _ you any inc_ _ _ _ _ _ _ _ _ _ .

8   I wo_ _ _ be very gra_ _ _ _ _ if you co_ _ _ …

9   We are pl_ _ _ _ _ to ad_ _ _ _ you of a change in …

10   We are p_ _ _ _ _ _ to ann_ _ _ _ _ the re-opening of …

11   S_ _ these ama_ _ _ _ products at our shop

12   Fun Fashion. Est_ _ _ _ _ _ _ _ since 1968.

13   This has now been int_ _ _ _ _ _ _ to the German market.

14   We are p_ _ _ _ to present this brand to our
     valued cu_ _ _ _ _ _ _ .

15   This bike is k_ _ _ _ for its q_ _ _ _ _ _ and light weight.

16   A spec_ _ _ di_ _ _ _ _ _ is ava_ _ _ _ _ _ now!

17   It is rem_ _ _ _ _ _ _ ! Don't miss this oppo_ _ _ _ _ _ _ .

18   Pr_ _ _ _ from this incredible o_ _ _ _ now!

19   Just com_ _ _ _ the price! It's a re_ _ bar_ _ _ _ .

20   This tool is rec_ _ _ _ _ _ _ _ by professionals.

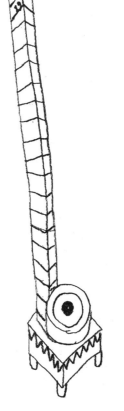

- Wir sind überzeugt, dass unsere Kunden die neuen Räume
  schätzen werden. Sie sind
  größer und angenehmer.

- Wir sind stolz auf unsere neue
  Kochbuchreihe und die vielen
  günstigen Bücher zum Schen-
  ken.

- Erwähnen Sie den beilie-
  genden Prospekt:
  Weihnachtsangebote zu un-
  glaublichen Preisen.

- Schreiben Sie etwa 120 bis
  150 Wörter.

Please Write! – Schreibtraining

108 **Werbebrief**

Schreiben Sie selbst einen Werbebrief. Benützen Sie als
Grundlage dazu das folgende Inserat aus der Zeitung.
Verwenden Sie das neu erarbeitete Werbevokabular und
arbeiten Sie nach dem ABCD-Prinzip.

B-B-Bookshop's Re-Opening

New Cookery Corner. Get your copy of Easy Indian Cuisine signed by
Lisa Patel and see the professional learning software demonstration.
Don't miss your 10% discount on our opening day, Saturday, 2 Decem-
ber. 22 Pope St. Shop open from 8 to 6. Free coffee and juice all day!

→ Hören Sie dann unseren Vorschlag auf der CD-Spur 46.

12

Kommunikationsanlass
Bewerbung
Lebenslauf / CV
Sich telefonisch erkundigen

Geschäftsbereich
Verkauf
Tourismus

Bewerbungsbrief USA

Bezug schaffen

Stellenbewerbungen folgen einem klaren Ablauf und bestehen in ihrer Grundstruktur aus wenigen Textbausteinen. Wichtig ist, dass Sie sich auf die entsprechende Ausschreibung beziehen.

Heute werden Stellenbewerbungen fast ausschliesslich am PC geschrieben, handschriftlich nur auf Verlangen.

Schreiben Sie persönlich an die verantwortliche Person – finden Sie den Namen wenn nötig mit einem Telefonanruf heraus.

Lebenslauf

GB: CV (curriculum vitae)
US: résumé (resume)

 Schreiben Sie die Schlüsselwörter in der richtigen Reihenfolge auf die Linien am Rand.

Vorstellung ansprechen – Beilage nochmals erwähnen – Beweggründe anführen – Ausbildung und Erfahrung anpreisen – Bezug auf Ausschreibung nehmen – Kommunikation ermöglichen – Stelle nennen

© Der Business-Communication-Trainer, ISBN 978-3-9521442-6-8

1 _____
2 _____

3 _____
  & _____

4 _____
5 _____
6 _____

7 _____

Dear Ms Page:

With reference to your advertisement in the Chicago Tribune of March 2, I am writing to apply for the position of Sales Executive with your company.

As you can see from my résumé, I am very well qualified for this job. After completing my training with IBM, I went to the Chicago School of Business Administration, and since my graduation I have been employed by Startrex Enterprises, where I have been working in the Sales Department. I am now looking for a new challenge with greater prospects for promotion and more interesting work.

I would be free to come for an interview any afternoon from 1.30 pm and can be contacted on 608 362 3813 to make an appointment.

Thank you for considering my application.

Sincerely,

L. W. Schneider

Enclosure

Training Bewerbung Britisch

Animator: We seek several animators for our resorts in the Pacific and Indian Oceans. Candidates must be athletic and have good communication and social skills. Good salary. Apply with full CV to Pacific Club Tours, P.B. 1928, Ivory Beach.

 110 Ergänzen Sie den Brief. Verwenden Sie das Vokabular aus dem Musterbrief links.

Dear Sir or Madam

With _____ to your advertisement on the World-Wide Jobs website, I am writing to _____ for the _____ of Sports and Games Animator _____ your company.

_____ you can see _____ my CV, I am well _____ for this job. I have always enjoyed outdoor activities, and I have often worked in youth camps in summer.

_____ a 3-year training _____ a clerk w_____ a travel agency, I am _____ looking for a new _____ with an opportunity ____ use my social skills and to see interesting places.

Thank you for _____ my _____.

I could come _____ an interview at _____ time that is _____ to you and can ____ contacted on 276 183 4659 to make an _____.

Please do not _____ to call me if you r_____ any further information.

Yours faithfully

Toby Trunk

Toby Trunk

→   CD-Spur 47

Eine persönliche Anrede war hier leider kaum möglich, weil weder Adresse noch Telefonnummer leicht zugänglich waren. So hat Herr Trunk darauf verzichtet.

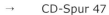

Lebenslauf / CV / Résumé

(111) Aufbau

Ordnen Sie die Titel den einzelnen Absätzen zu.

1	Melanie Muster
2	Bahnhofstrasse 69 D-51007 Köln
3	Home +49 (0) 22 03 / 2002-20 Mobile +49 (0) 172 720 5402
4	m.muster@gmx.net
5	2 March 1994
6	2011 – 2012: Grammar School in Heidelberg
7	2004 – present: Children's Swimming Teacher and Youth Camp Organiser 2002 – 2004: Full Clerical Apprenticeship with Nouki Travels Plc, Cologne
8	Office and communicative skills Certified Scuba Diving Instructor Member of German National Junior Karate Team
9	German: mother-tongue English: fluent French: good working knowledge
10	Sports, reading
11	Driving license, sailing permit
12	Dr. Horst Keller, teacher, Im. Kant School, Heidelberg Tina Tait, Personnel Manager, Nouki Travels Plc, Cologne

Kann auch vor den Kontaktanga-ben stehen.

Schulabschlüsse → Seite 117

Meistens – und vor allem in den USA – steht das Aktuellste zuoberst.
In England ist das nicht immer so.

Sprachkenntnisse sind öfters auch unter «Further qualifications» zu finden.

Heißt manchmal auch «Hobbies».

Sprachkurse, PC-Kenntnisse, Füh-rerschein etc. Das kann man auch mal weglassen – je nach Anforde-rungsprofil der Stelle.

Üblich sind zwei Referenzen (Ar-beitgeber, Lehrkräfte etc.)

Name	1	Address	
Further qualifications		Education	
Telephone		Date of birth	
Qualifications		Languages	
Work experience		Interests	
References		Email address	

Training Lebenslauf

112 Schreiben Sie nun Ihren Lebenslauf – mit den Rubriken. Oder Sie tun das am PC und kleben einen Ausdruck hier ein.

Name _____

Address _____

_____

_____

_____

_____

_____

_____

_____

_____

_____

_____

_____

_____

_____

_____

_____

_____

_____

_____

_____

_____

_____

_____

_____

_____

_____

_____

_____

_____

Titel

A-Levels: Abitur- oder Maturitätsniveau entspricht im Englischen den A-Levels, die man in jedem Fach erreichen kann. Man hat vermutlich mehrere.

BA (Bachelor of Arts) und **BSc** (Bachelor of Science) entsprechen in etwa dem Vordiplom nach 4 Semestern Studium.

MA (Master of Arts) und **MSc** (Master of Science) entsprechen in etwa einem Magister oder dem Diplom respektive Lizenziat.

MBA (Master of Business Administration) entspricht ungefähr einem Diplom für Wirtschaftswissenschaften.

Zeugnisse ausstellen

Müssen Sie einer anderen Person Qualifikationen bestätigen respektive ein Zeugnis («Testimonial») ausstellen, so beginnen Sie mit:

«This is to certify that …» oder «We hereby confirm that …»

Die Anrede lautet dann meistens: «To whom it may concern»

Training Telefon

Das goldene Telefon-ABCD

A Aufmerksam sein, nicht unterbrechen.

B Beim Gespräch Notizen machen – und als Anrufer/in auch davor.

C Chaos vermeiden: Namen, Adressen, Zahlen buchstabieren und wiederholen (lassen).

D Deutlich, präzise und ruhig sprechen.

Some of a travel agent's responsibilities

- Looking for holidays for customers

- Booking package holidays, hotels, flights and other transport for customers

- Making inquiries and asking for quotations

- Dealing with customer complaints and problems

113 Ansprechperson erfragen

Sie haben ein Stelleninserat gelesen. Die Telefonnummer war da, jedoch wurde keine Kontaktperson genannt. Diese möchten Sie wissen.
Füllen Sie die Lücken, wo das möglich ist.

A: Jetset Travel, Naji _____, good morning.

B: Hello. I'm calling _____ the job vacancy which was advertised today. My name's Viviane Benz.

A: Okay, Ms Benz. I'll put you _____ to the Human _____ Department. Please _____ the line. Thank you. (Music)

C: Juan Lopez speaking. _____ can I help you?

B: Good morning. I saw your ad in the paper today, the one for the travel agent, and I'd like to _____ for this. Could you tell me who is in _____?

C: Yes, certainly. It's Ms _____.

B: Okay. Could you _____ that for me please?

C: Yes. It's _____.

B: _____, right. Thank you. And could you tell me Ms _____'s first name?

C: _____.

B: Thank you. Where should I send the _____ to?

C: To _____. London _____.

B: Okay. I've got that.

C: Or else you are _____ to send your application to Ms _____'s e-mail address.

B: Oh, good. _____ you give it to me please?

C: Oh, was it not in the ad? It's

_____

B: _____. Okay. Thank you.

C: You're _____. Good _____.

B: Thank you. Bye.

→ Hören Sie nun die CD-Spur 48.

Training Textbausteine

114 Nach dem Telefongespräch entscheidet sich Frau Benz
für eine Bewerbung per E-Mail. Ergänzen Sie diese mit
den Ausdrücken am Rand.

Brief und E-Mail
Hier ein weiteres Beispiel dafür,
dass per E-Mail auch ganz normale
Briefe im Standardstil transpor-
tiert werden können.
Frau Benz hatte ja angerufen, um
den Namen der Ansprechperson
zu erfahren. Und jetzt weiß sie
auch die Mailadresse.

---

viviane.benz@t-online.de

To... a_capecchi@jetset.co.uk

Cc...

Ref: Vacant position travel agent

Dear Ms Capecchi

I am writing _____ your advertisement in the

Frankfurter Allgemeine Zeitung of May 31st _____ the _____

of travel agent in your Business Travel _____.

I am 26, of German nationality, _____ English,

and am _____ as a travel

agent with BTI in Zurich, where I am _____

business travel to Mediterranean destinations.

I _____ for three years

now and would welcome an _____

work back home in Germany as well as to have better

_____ promotion.

I now have a total of 8 years' work _____

in business travel. I completed my 3-year training with Hansa

Travel, Hamburg, and stayed _____ for a further 2 years

_____ taking up my _____ post.

I _____ a full cv and documentation as well

as the names of two referees.

I _____ hearing from you.

Yours sincerely

Viviane Benz

---

am looking forward to
am attaching
before
current
currently employed
Department
experience
fluent in
for
have held this position
in reply to
opportunity to
post
prospects for
responsible for
there

---

115 **Weitere Varianten** – Setzen Sie die Wörter am Rand ein.

1   I _____ to _____ for the _____ of Accounts
    Representative _____ in today's Evening Express.

2   After _____ a commercial _____ ,
    I have been _____ by IXCO _____ the past six years.

3   After my studies, I acquired an _____.

advertised
apply
apprenticeship
completing
employed
for
MBA
position
wish

Training Telefon

116 **Schlüsselbegriffe** – Übersetzen Sie.

1 am Apparat
2 Wie kann ich behilflich sein?
3 Ich rufe an wegen
4 Ich verbinde Sie mit ...
5 Bleiben Sie bitte dran
6 Wer ist (dafür) zuständig?
7 Könnten Sie das bitte buch
   stabieren? – Ja, sicher.
8 Könnten Sie das wiederholen?

1 Miller _____
2 _____
3 _____
4 _____
5 _____
6 _____
7 _____
   _____
8 _____

Training Buchstabieren, Zeichen, Zahlen

117 Hören Sie die CD-Spur 49 und schreiben Sie mit.

1 Date: _____
2 Name: _____
3 Address: _____
4 Phone number: _____
5 Email: _____
6 Web address: _____
7 Pallet number: _____
8 Name: _____
9 Insurance company: _____
10 Bank: _____
11 IBAN: _____
12 Credit card number: _____
13 Date of expiry: _____
14 Email address: _____

Palettennummer
Dies hier ist eine Standardnummer
nach Norm SSCC (Serial Shipping
Container Code)

IBAN
International Bank Account
Number.
Die Norm für Konten im internatio-
nalen Zahlungsverkehr.

Das Alphabet finden Sie im Beiheft und auf der
CD-Spur 50, die Zeichen vorne auf Seite 36.

Eingangsbestätigung von Bewerbungen

 118 Setzen Sie die fehlenden Ausdrücke vom Rand ein. Die typischen vier Briefteile sind mit A, B, C, D markiert.

Dear Mr Schmidt

A _____ your application for the post of Insurance Salesman at our Munich branch.

B _____ had a great number of applications for this post.

C _____ it will take us some time to sort through them all.

D _____ I hope to be in contact with you again within two weeks.

Yours _____

C. J. Hill

Human Resources Department

Ein gepflegter Umgang mit allen, die sich um eine Stelle bewerben, gebietet es, sofort den Eingang der Bewerbung zu bestätigen. Warten Sie damit nicht zu!

Therefore,
We have
However,
Thank you for
Briefschluss

Absage nach Bewerbung

 119 Setzen Sie die Ausdrücke vom Rand ein.

Dear Ms Smith

_____ we regret

to inform you that we have decided that _____

_____ you the position of travel agent with our company.

You _____ have very _____

_____ but, as we have stated in our advertisement, we are looking for someone with rather more experience. _____

_____ your folder to you.

_____ for your application.

_____ that _____in

your employment search in the near future.

Yours sincerely

James Streets

James Streets

Director

Enc

Leider müssen Sie vielen an einer Stelle bei Ihnen Interessierten einen negativen Bescheid geben. Sie verfassen einen Brief, denn Sie möchten auch die Bewerbungsunterlagen zurücksenden.

After careful consideration
    nach gründlicher Prüfung
Thank you very much
We hope
we cannot offer
undoubtedly zweifellos
promising qualifications
    vielversprechende Fähigkeiten
you will be successful
    Sie haben Erfolg
We are therefore returning

Einladung zum Bewerbungsgespräch

120 Ergänzen Sie. Jeder Strich steht für einen Buchstaben.

Die Bewerbungen sind durch-
geackert. Jetzt laden Sie die
interessanteren Bewerber und
Bewerberinnen zu einem Vorstellungsgespräch ein. Das können
Sie leicht per E-Mail erledigen.

Shortlist
Spätestens nach den ersten Be-
werbungsgesprächen führen Sie
eine sogenannte Shortlist. Das ist
eine Liste der Bewerbenden in der
engeren Auswahl.

To... alice.holden@bluewin.ch

Cc...

Ref: Assis_ _ _ _ t_ th_ Perso_ _ _ Mana_ _ _

De_ _ M_ Hol_ _ _

Tha_ _ yo_ fo_ yo_ _ applic_ _ _ _ _ fo_ th_ abo_ _ po_ _.

Yo_ ar_ invi_ _ _ t_ att_ _ _ a_ inter_ _ _ _ wi_ _ Ms A.

Taylor, Hum_ _ Res_ _ _ _ _ _ Depa_ _ _ _ _ _, ne_ _ we_ _.

Ple_ _ _ ca_ _ m_ o_ 02 345 6789 t_ ma_ _ a_

appoint_ _ _ _.

You_ _ since_ _ _ _

J. White

Secre_ _ _ _

Positiver Bescheid

121 Sie bieten einen Arbeitsvertrag an. Ergänzen Sie.

Dear Ms Holden

I am very p_____ to i_____ you that we have decided to

o_____ you the post of Marketing Assistant _____ our firm.

_____ you possibly come _____ the office to sign the

c_____ at the end of this week?

Please _____ me on 07222 105 152 to _____ an appointment.

Yours _____

R. Wheeler

Sales Manager

Training Textbausteine

 Setzen Sie die fehlenden Ausdrücke vom Rand ein.

Dear Mr Silver

Thank you for _____ for the position of Marketing Assistant. I _____ to inform you, _____, that we are _____ to offer you this position.

We have selected another _____ who has more of the type of _____ we feel is _____ for the position.

I _____ interviewing you and hope that you will be _____ in your _____ search in the near future.

Should you have _____ questions, please do not _____ to call me.

Yours sincerely

S. Golightly

Susan Golightly

HR Manager

Etwas heikler ist es, den Interessierten nach einem Vorstellungsgespräch negativen Bescheid zu geben. Seien Sie also taktvoll und bedauern Sie die Situation.
Sie schreiben einen kurzen Brief, denn Sie senden anbei das Dossier zurück.

any
applying
employment
enjoyed
experience
hesitate
however
necessary
person
regret
successful
unable

Fitness-Test

123 **Testen Sie sich** – Setzen Sie ein. ☑

1 With ref_____ to your adv_____ in …

2 I am w_____ to a____ for the po_____ of

3 ____ you can see _____ my CV, …

4 I am l_____ for a new ch_____ …

5 Th___ you for co_____ my appl_____.

6 Please co_____ me ___ 7222 105 152 …

7 … to m___ an ap_____.

8 To w___ it may con____.

9 Th__ is to cer____ that …

10 I'm calling _____ the job va_____ which …

11 Hold on. I'll ___ you th_____ to …

12 … the Hu___ Re_____ De_____

13 I am f_____ in _nglish and ___man and have a good working

kn_____ of ___nish.

14 Who ___ in ch_____ of recruitment?

15 Co___ you sp___ that pl____?

16 Af___ careful con_____ …

17 We r_____ that we cannot o____ you the p___.

18 I am th_____ ret_____ your folder to you.

19 You are in_____ to at____ an in_____ with …

20 Co___ you pos_____ see me at the office to s___ the

con_____ b_ the end of th__ we__?

124

Training Textbausteine

 Schreiben Sie Ihre eigene Bewerbung auf eine von diesen drei Annoncen aus dem Internet.

Administrative Assistant

Wealth Estate Plc
London

Responsibilities include administrative and secretarial duties for a team of estate managers. Good writing and telephone skills are required as well as efficiency in office work.

Backoffice Manager

Manhattan Savings Bank
New York

Responsibilities include supporting equities traders, answering telephones, greeting clients, and keeping accounts. Requires data processing skills, typing and phone skills.

Receptionist Switchboard Operator–Part-Time

ABC Trading Company Manchester

In this position, you will be responsible for operating the telephone switchboard and acting as a Receptionist, greeting visitors in a courteous, pleasant manner.

Rechtschreibung am PC üben
Schreiben Sie doch auch diese Bewerbung am PC, wo Sie Ihre Rechtschreibung überprüfen können.

13

Kommunikationsanlass
Höflichkeit
Besuch empfangen

Geschäftsbereich
Alle

Beim Empfang

Receiving a Visitor

125 Setzen Sie die 7 Wörter ein und hören Sie dann CD-Spur 51. ⊙

R: Good morning. Welcome to StarApps. How can I help you?

V: Good morning. I have an appointment for an interview today.

R: All right. I'm James. Could you tell me your name, please?

V: I'm Sharon Etson. I've got an _____ with Mr Jacobson.

R: Certainly, Ms Etson. I'll just see if he's _____.

V: Thank you.
(R makes a phone call)
Mr Jacobson? There is a Ms Etson in the lobby to _____ you …
(Pause) Okay.

R: He'll be ready in a moment. Would you _____ for some tea or coffee?

V: That would be great. Thanks.

R: Just _____ yourself, Ms Etson. There's a machine in the lounge right over there.

V: Oh, thank you. Nice.
(Five minutes later)

R: Ms Etson?! – Mr Jacobson would now like to see you in his office. It's on the third _____. Just go along the hall and take the lift _____ the right. It's the second door on your left.

V: I see. Thanks for your help.

R: Good luck!   © Der Business-Communication-Trainer, ISBN 978-3-9521442-6-8

126 **Training Besuch empfangen** – Setzen Sie die fehlenden Ausdrücke von der Liste am Rand ein

R   _____ morning, ma'am. _____ can I help you?

J   Oh, thanks. Where is Mr Kristofferson's office?

R   Do you _____ an_____?

J   Yes, _____ 10 minutes.

R   May I ask your name?

J   Certainly. I'm Jane Dofan.

R   Please _____ a seat, Ms Dofan. _____ let him know you are _____.

J   Thank you.

R   Oh, _____ you _____ some coffee or tea?

J   If I could _____ get a glass of _____?

R   Naturally. There's a water _____ right _____ there.

You never get a second chance to make a first impression.
Besucherinnen und Besucher werden beim Empfang sofort freundlich begrüsst und durch unkomplizierte, aber höfliche Formen willkommen geheissen.

have
I'll
over
water
Good
here
just –
appointment
dispenser
How
in
would
take
like

Training Schlüsselbegriffe

127 Übersetzen Sie die Wendungen ins Englische. Lernen Sie sie.

1 Wie kann ich Ihnen _____

behilflich sein? _____

2 Ich teile ihr mit, _____

Sie seien hier. _____

3 Haben Sie einen _____

Termin? _____

4 Er ist nicht abkömmlich. _____

Es tut mir Leid. _____

5 Sie ist leider bei _____

einer Sitzung. _____

6 Es tut mir leid, aber er _____

ist nicht am Platz. _____

Ein paar Ausdrücke für sogenannten Small Talk
Did you have a good trip?
It's a beautiful day, today, isn't it?
It's not really a lovely day, is it?
Have you been here before?
Did you catch the news today?
How has your day been?

128 Schreiben Sie Ihren eigenen Dialog mit dem vorgegebenen Ablauf.

Greet visitor and offer assistance

Answer greeting and state why you have come.

Ask for visitor's name

Answer host's or hostess' question.

Tell visitor what to do and offer a drink.

Respond. Say something about the weather.

Agree with visitor and give him or her instructions.

129
 Ein persönlicher Termin

Setzen Sie die Wörter ein und hören Sie dann die CD-Spur 52.

Welcoming a Customer or Supplier

Frau Emily Emerson holt ihren Kunden Curd Custer ab, der beim Empfang auf sie gewartet hat.

Beziehung schaffen

Beachten Sie die höfliche Sprache. Der Name des Kunden wird häufig wiederholt: Er fühlt sich besonders beachtet, und die Angestellte kann sich den Namen auf diese Weise gut merken. Sie hält das Gespräch laufend in Gang und arbeitet damit auf eine Vertrauensbasis hin.

Der Business-Communication-Trainer, ISBN 978-3-9521442-6-8

They get to the meeting room:

E asks apprentice Anita to get the coffee:

E	Hello, Mr Custer, I'm Emily Emerson. _____ to Compyna!
C	Nice to meet you, Ms Emerson.
E	Nice to meet you too, Mr Custer. Did you _____ a pleasant trip?
C	Yes, thanks. We had a good flight. I came in at 9pm and went right to the hotel you had _____ for me.
E	The High Hat. Are you happy _____ it, Mr Custer?
C	Absolutely. Yes, thank you.
E	So … Is this your _____ time in Switzerland, Mr Custer?
C	Well, in Zurich it is. I was once in Lucerne, but that was a very long time ago.
E	And did you find your _____ here all right?
C	It was no problem at all. Your staff sent me very detailed instructions. Plus I have my mobile.
E	Wonderful. _____ did you get here, Mr Custer, _____ taxi?
C	Actually it was such a nice morning I walked from the hotel.
E	I'm pleased to hear that. So how long will you be staying in Zurich?
C	Just _____ tomorrow.
E	And will you have time to look around Zurich while you're here?
C	Yes, I hope so.
E	Well, I'm sure we can help to arrange something if you like, Mr Custer. Here _____ are, Mr Custer. Make yourself comfortable. Take a seat.
C	Thanks. It's a lovely room. Very bright.
E	Well, thank you. Now … Can I get you _____ to drink before we start?
C	Yes, please. Coffee would be nice.
E	Black or white, Mr Custer? Sugar?
C	Black with sugar, please.
E	Okay. Anita will take _____ of that. Can you see to that, Anita?
E	Now did you have a chance to look at the _____ I suggested?
C	Yes, I did, thanks.
E	And would you like to make any changes?
C	No, everything seems fine.
E	Oh, good, so let's get _____.

Training gute Atmosphäre schaffen

**Creating a
Friendly Atmosphere**

130 Übersetzen Sie die Wendungen erst ins Englische.
Hören Sie dann zur Korrektur die CD-Spur 53.
Lernen Sie die Bausteine.

Tips

1 Help your customer or visitor to feel welcome.

2 Always make eye contact when saying hello.

3 Never start talking to a person from behind – this can scare people.

4 Keep a fair distance – approach the person, but do not get too close.

5 Practise your personal greeting:

«Hello! Thanks for coming in. I'm Jenny. How can I help you?»

6 Always greet everyone. If you said hello before, you can at least produce a friendly smile!

1 Hatten Sie eine _____
angenehme Reise? _____

2 Hatten Sie einen _____
guten Flug? _____

3 Sind Sie zufrieden _____
mit dem Hotel? _____

4 Ist das Ihr erster _____
Besuch in der Schweiz? _____

5 Waren Sie schon mal _____
in Zürich? _____

6 Haben Sie den Weg _____
hierher gut gefunden? _____

7 Wie sind Sie hierher ge- _____
kommen? Mit dem Zug? _____

8 Wie lange bleiben _____
Sie hier (höflich)? _____

131 Setzen Sie das jeweils beste Wort ein.

1 Is _____ your first time _____ Austria, ma'am?

2 Here we _____, Ms Bell. Make _____ comfortable.
Take a _____.

3 Can I get you _____ to drink _____
we start?

4 Would you _____ your coffee black or _____?

5 _____ you have a _____ to look _____ the agenda?

6 How _____ will you ____ staying in Germany, sir?

Training Small Talk – Leichte Alltagsunterhaltung 🔒

132 Schreiben Sie die Antworten vom Rand zu den betreffenden Sätzen. Lesen Sie dann laut, wenn möglich zu zweit.

Do you think so? Actually, I don't.
Reception might be best.
Pleased to meet you. I'm Harry Smith.
Staff meeting at 10.
Thank you. You, too.
Not at all. It's been a pleasure.
Yes, very much so. I'm having a great time.
Yes, I certainly would. Thank you.
Just a few days, unfortunately.
Yes, delicious, in fact.
That would be great. I'm thirsty.
Oh, so soon?

1   My name's Emily Jones.

Pleased _____ . *I'm Harry Smith*

2   Thanks a lot for everything.

_____

3   Will you be staying long?

_____

4   The food's great here, isn't it?

_____

5   Where shall we meet?

_____

6   I really should be going.

_____

7   Would you care for lunch with us?

_____

8   Have a good weekend.

_____

9   Are you enjoying your stay?

_____

10   Can I get you a drink?

_____

11   What's on the agenda today, please?

_____

12   Haven't we met before?

_____

Training Small Talk – Leichte Alltagsunterhaltung

133 Setzen Sie erst die fehlenden Wörter aus der Box ein und ordnen Sie dann die Antworten vom Rand zu. Lesen Sie laut.

> appointment – reserve – any – delayed – Thanks –
>
> afraid – all – arrange – like – with – pick – I

1	I'll _____ you up at 9.	_e_
2	_____ for your help.	___
3	What can ___ get you?	___
4	Shall I _____ for a taxi?	___
5	Would you like me to _____ a room for you?	___
6	Good luck _____ the presentation.	___
7	What was the fair _____?	___
8	Have you got his phone number by _____ chance?	___
9	Do you know Switzerland at ___?	___
10	I'm sorry. My flight was _____.	___
11	I've got an _____ with Mr J.	___
12	I'm _____ I really have to leave.	___

a Thanks! I'll need it.

b No, thanks. I've already booked one at the hotel.

c I might. I'll just check my mobile.

d OK. I'll call him. What's your name, please?

e Thank you, but it might be better if you could make it a bit earlier.

f Don't worry. There's time enough.

g You're welcome.

h Just some water, please.

i No, thanks, I'm all right. I can take the bus.

j Quite okay. I made some good contacts.

k Well, then. Have a safe trip home.

l I'm afraid not. This is my first visit, actually.

Der Business-Communication-Trainer, ISBN 978-3-9521442-6-8

Fitness-Test

134 **Messen Sie Ihren Erfolg.** ✓
Übersetzen Sie die Ausdrücke vom Rand.

1 Haben Sie einen Termin?

2 Darf ich um Ihren Namen bitten?

3 Sie ist leider nicht abkömmlich

4 Hatten Sie eine angenehme Reise?

5 Ist das Ihr erster Besuch in Basel?

6 Waren Sie schon mal hier?

7 Machen Sie sich's gemütlich.

1 _____ you _____

2 _____ I _____

3 I'm _____

4 _____

5 _____

6 H_____

7 _____

→ Setzen Sie nun die besten Wörter ein

8 W_____ you c_____ for some tea _____ coffee?

9 It's on the sec_____ fl_____. The lift's ____ the r_____.

10 I'm s_____. He seems to be o____ of the o_____.

11 Sh_____ I arr_____ / _____ a taxi?

12 _____ long _____ you be _____ in Munich?

13 W_____'s on the a_____ today?

14 Where s_____ we m_____? At rec_____?

→ … und jetzt die Verben in Klammer in der besten Form.

15 (have) _____ you _____ a good flight, Mr Wright?

16 (be) Yes, it _____ a good flight, and very short.

17 (find) _____ you _____ your way here all right?

18 (work) I _____ in Marketing now,
but before that I _____ in Sales.

19 (change) Why _____ you _____ departments in May?

20 (leave) One of the Marketing Assistants had _____.

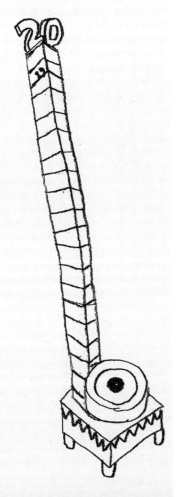

14

Kommunikationsanlass
Präsentationen von Unternehmungen und Produkten

Geschäftsbereich
Alle

Präsentationen

Die hohe Kunst der guten Präsentation ist vielleicht nicht leicht zu meistern, aber mit ein paar einfachen Regeln kommt man ihr schnell näher. Und das Fachvokabular ist schnell gelernt.

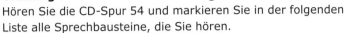 **Ordnung schaffen – Übersicht zeigen**
Hören Sie die CD-Spur 54 und markieren Sie in der folgenden Liste alle Sprechbausteine, die Sie hören.

Hello everybody, and thank you for coming.

Ladies and Gentlemen …

Shakespeare said, "Brevity is the soul of wit," and I …

Hi. My name's … and I've been working … for about four years now.

Today, I'd like to talk about …

… three things, namely …

Now let's focus on my first point, which is …

Now, first of all, a few words about …

Another important point is …

The second point is …

Last, but not least, I'd like to point out that …

I'll come to my last point now, which concerns …

To sum up, we have seen that …

Thank you for being a great audience.

Thank you for listening. Do you have any questions?

I now have lots of time to answer your questions.

 Setzen Sie vier der Ausdrücke in Übung 135, die Sie hörten, in die Tabelle zu den ähnlichsten Entsprechungen.

1	This presentation is about …	
2	Now, firstly, …	
3	Another important point is …	
4	Last but not least, …	

Breaking the Ice
Im englischen Sprachraum wird sehr viel Wert auf einen auflockernden Einstieg in eine Präsentation gelegt.
Einfach ganz trocken zu beginnen ist kaum denkbar.
Das kann ein Witz über einen selbst sein:
«Before I came here today, I discussed this talk with my wife and she said to me, "Don't try to be charming, or witty or intellectual, just be yourself!"»
Oder man kann auf etwas Gemeinsames ansprechen:
«On my way here I heard this interesting information on the radio …».

Training Sprechbausteine

Einleitung	Let me tell you about …
Hauptteil Beginn	Now, first of all, … Firstly, …
Hauptteil Fortsetzung	Another important point is … This brings me to my next point: …
Hauptteil Betonen	At this point we should look at … Now, let's concentrate on …
Hauptteil Letzter Punkt	Finally, I'd like to say a few words about … Last but not least, …
Schluss	To conclude, …

© Der Business-Communication-Trainer, ISBN 978-3-9521442-6-8

137 Vervollständigen Sie die Einleitungen.

1   To_____, I'd _____ to talk _____ an amazing product.

2   So, let's fo_____ on the first p_____, wh_____ is …

3   This br_____ me to my n_____ point, nam_____ …

4   An_____ important _____ is …

5   I'll come _____ my la_____ point n_____, which concerns

6   Fin_____, I'd like to _____ a few wo_____ about …

7   To _____ up, we have s_____ that …

8   Th_____ you for b_____ a great au_____.

9   I n_____ have lo_____ of time to _____ your

    questions.

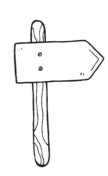

Tipp
Als grundlegend gilt bei Präsentationen diese goldene Regel:

Es gibt eine Einführung, einen Hauptteil und einen Schluss.

Oder – wie man im englischen Sprachraum einfach sagt:

«First say what you are going to say, then say it, and finally say what you have said».

Wissen: Wegweiser
Bei Präsentationen ist es unerlässlich, dem Publikum immer wieder deutliche Zeichen zu geben, damit diese wissen, bei welchem Punkt der Präsentation wir gerade sind. Wer im Auto unterwegs ist, kennt auch gerne den Ort und schätzt einen Wegweiser zum Ziel. Merken Sie sich deshalb einige Wendungen auf diesen Seiten.

138

Sehen Sie sich das praktische
Gerüst rechts an.
Sie können damit Ihre eigene
Präsentation über Ihre Firma und
Ihre Funktion darin erstellen.
Die Stichwörter, die Sie eventuell
brauchen, finden Sie im Beiheft
unter «Vokabular Firma».

Leitfaden einfache Präsentation

«Ladies and gentlemen!»
↓

«I am very pleased to tell you about my company today.
I'd like to talk about three things, namely the sector of business we
are active in, then our fields of operations, and thirdly my role in the
company.»

«So, first of all, the name of our company is …, and we are …»
↓
Stichwörter aus A
↓

«The second point is, we engage in the following activities: we …»
↓
Stichwörter aus B
↓

«I'll come to my third point now, my role in the company. I have
worked in various departments, such as … »
↓
Stichwörter aus C
↓

«I have experience of activities like … »
↓
Stichwörter aus D
↓

«Currently, I work in … »
↓
Stichwörter aus C
↓

«In this department, I deal with … »
↓
Stichwörter aus D
↓

«Thank you for listening.»

«Now, do you have any questions?»

Training individuelle Angaben

 Notieren Sie sich nun Ihre Details für die einzelnen Teile –
von Ihrer Firma, von Abteilungen, die Sie kennen, und von
Ihnen dort ausgeführte Tätigkeiten in der folgenden Tabelle.

A
Company

B
Company
Activities

C
Departments
I know

D
My experience

C
My current
position

D
My current
responsibilities

Module zum Ausbau

Hier finden Sie Textbausteine für weitere Funktionen einer etwas längeren Präsentation.

 Training Präsentationen
Setzen Sie jeweils die Wörter
aus der Box oder vom Rand in die Lücken

Company History

Firmengeschichte

> set – established – listed – founders – divisions

1   Our company was _____ in 1888.

2   The _____ were Charles Brown and Walter Boveri.

3   In 2012, we _____ up a subsidiary in Germany.

4   Last year the company was split into 4 _____.

5   Since 2010, we have been _____ on the Swiss Performance Index (SPI).

Products and Services

manufacture

developing

distribute

research

produce

launched

Produkte und Dienstleistungen

6   We p_____ high-tech packaging materials.

7   We import and _____ Indian spices.

7   We _____ high-speed turbines.

8   We _____ a revolutionary micro ventilator in May.

9   We _____ new antibiotics.

10   We are _____ new software.

Company Performance

turnover

grew

operations

annual profits

market

expanded

Unternehmensentwicklung

11   Our company is the _____ leader in Europe.

12   Our staff _____ by 12 percent last year.

13   We have _____ our _____ to China.

14   We have a _____ of about 420 million.

15   Our _____ were higher than 23 million.

Training Präsentationen
Setzen Sie jeweils die Wörter
aus der Box oder vom Rand in die Lücken

Firmenstruktur

1 The _____ of the _____ reports
   to the _____ at the AGM (annual
   general meeting).
2 Our _____ is responsible for the overall strategy and
   _____ of our company.
3 The company is divided into 6 different _____.
4 Our Human Resources Manager _____ to the
   Administration Department.
5 We _____ more than 12,000 people worldwide.

Company Structure

shareholders

management

Board

employ

departments

CEO

Chairman

reports

Zuständigkeiten

responsible – report – charge – branches – deal – field service –
cooperate

6 I _____ with customer complaints.
7 The Accounts Department is in _____ of all the billing.
8 I _____ to the Sales Manager.
9 We _____with Headquarters.
10 Our team is _____ for quality control.
11 I work in one of our _____ in Switzerland.
12 I'm a _____ representative.

Responsibilities

behandeln

verantwortlich für

unterstellt sein

zusammenarbeiten

zuständig für

Filialen

Außendienst

Präsentieren von Produkten

Grundsätzlich unterscheidet sich eine solche Präsentation nicht von anderen, aber natürlich steht das Anpreisen des Produktes im Vordergrund. Sie und Ihre Firma möchten es gerne verkaufen.

142 **Leitfaden**

Lesen Sie die Liste von entscheidenden Tipps eines Präsentationsprofis am Rand. Setzen Sie dann die deutschen Schlüsselbegriffe aus der Box auf die Linien.

1 Inspect the location before, check all the audio-video functions, and move chairs if necessary.

2 Begin with an ice-breaker and a big bang.

3 Keep it straight and simple – and exciting. Give your best specific data, not all your data. Allow time for asking questions.

4 Again: the key is simplicity! Create simple graphics to reinforce the point.

5 Keep PPT slides at a minimum. Do not read a text.

6 Be authentic and show your heart and feelings. This is essential for effective communication in any situation.

7 Use body language. Be dynamic! If talking about big, make a big circle with your hands. If saying "A big step forward", take a big step. Be dramatic, lively and visual to raise the interest of your audience.

8 Give a takeaway. Even if it is just a link to a great website. You give your audience more value and a positive memory.

9 Finish with a flourish.

---

echt – Details – Knall – Erinnerung – einfach – etwas zum Mitnehmen – Örtlichkeit – Einfachheit – Körpersprache – überprüfen – Tusch – Wert – direkt – Auffrischer – beste – lebendig – Darstellungen – Minimum – verstärken – Fragen – Powerpoint

---

1 _____

2 _____

3 _____
_____

4 _____
_____

5 _____

6 _____

7 _____

8 _____
_____

9 _____

Training Textbausteine Produkt-Präsentation

Schreiben Sie die Bausteine vom rechten Rand in die
passende Box. © Der Business-Communication-Trainer, ISBN 978-3-9521442-6-8

1

Offering

Anbieten

2

Praising

Anpreisen

3

Contrasting

Unterscheiden

4

Listing

Aufzählen

5

Describing

Beschreiben

6

Persuading

Beeinflussen

This product features
But
This is an excellent choice
If you want ..., then this is
May I offer you
First of all
It offers
On the other hand
A fantastic offer
Can I show you
Moreover
If you buy today, we can offer

Werbesprache

Seien Sie mutig und
benützen Sie aus-
drucksstarke Sprache:
Es ist nicht «a nice product»,
sondern «an absolutely
brilliant product» oder
«a revolutionary product».

(Tipp: Einige bewährte
Werbeausdrücke finden
Sie auf S. 109.)

Verkaufsförderung

We have a number of ...
Let me show you ...
Now, first of all ...
This is a first-class ...
Secondly, I can offer you ...
This is ideal if you ...
I can really recommend ...
In addition, ...
I think that's outstanding value
   for money.
Today, I can grant you a discount
   of ...
It's an excellent deal.
Would you like to place an order?

Nach der Präsentation
Vielleicht schon vor, aber bestimmt nach Ihrer Präsentation,
sprechen Sie mit diversen Leuten.
Dabei sollten Sie auch wissen, wie
man sich und andere vorstellt.

144 Vorstellen

Füllen Sie die Lücken.

1 Good morning. My
   _____ Miller.

2 Pleased _____ _____
   _____, Ms Miller.
   __'___ James Streets.

3 N_____ _____
   _____ you, too.

4 Hello, James. G_____ _____
   s_____ _____ again.
   Look. I'd _____ to
   _____
   my junior partner, Michelle
   Panza.

5 Well, p_____
   ___ _____ you, Ms Panza.

6 Hello, Mr Streets. N_____
   ____ _____ _____,
   too.

→ Hören Sie nun zur Kontrolle
   die CD-Spur 55.

Fitness-Text

145 Testen Sie sich – Setzen Sie ein.

1 Now, let's f_____ on …

2 L_____, but not l_____, …

3 To c _ _ c _ _ _ _ , …

4 Our co_____ was es_____ in 1968.

5 The company fou _ _ _ _ was J. Smith.

6 We dist_____ books all over Austria.

7 We are active in pharmaceutical re _ _ _ _ _ _ .

8 We have an _ _ _ _ prof _ _ _ of £1.2m.

9 Our tur_____ is about $69m.

10 The sh_____ho_____ were happy with the dividend.

11 Mr Page is the Ch_____ of the Board.

12 I work in the Sa_____ D_____.

13 Before, I was in H_____ R_____.

14 The _____ is r_____ for the whole firm.

15 I d_____ with compl_____.

16 I'm in _____ ____ the accounts.

17 I'm responsible _____ the manager.

18 Ch_____ the lo_____ before the presentation!

19 Keep it st_____ and s_____.

20 Show feeling! Be aut_____!

15

Kommunikationsanlass
Trends & Tendenzen verstehen

Geschäftsbereich
Alle

Tendenzen verstehen

146 Grafiken lesen und beschreiben

Schauen Sie sich die Grafik an. Sie zeigt die Umsätze der zwei Hauptprodukte und den Marktanteil einer Unternehmung über 10 Jahre.
Welches Jahr wird durch die Texte unten jeweils beschrieben? Ordnen sie jedem Satz ein Jahr zu.

Wie lösen?
Studieren Sie doch die Anleitung auf der nächsten Seite.
Oder wählen Sie Ihre eigene Methode.

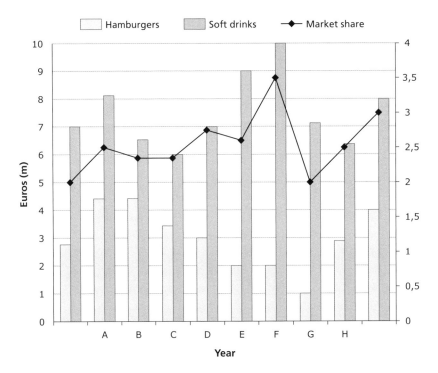

Standardtest
BEC oder LAP/Diplomprüfung

1   Despite the fact that market share decreased and the sales of soft drinks dropped, sales of hamburgers remained stable. _____

2   An equal number of hamburgers was sold like in the year before even though the sales of soft drinks went up and market share improved. _____

3   Whereas market share and the sales of hamburgers came up, the number of soft drinks sold went down. _____

4   Both sales of hamburgers and market share fell despite the fact that sales of soft drinks kept rising. _____

5   While fewer hamburgers were sold this year, the sales of soft drinks as well as market share grew. _____

Training Methode

Die Beschreibungen 1-5 sehen auf den ersten Blick kompliziert aus.
Es gibt jedoch eine einfache und sichere Methode, die richtige Lösung
zu finden.
Wie funktioniert das? Hier ist die Schritt-für-Schritt-Technik.

© Der Business-Communication-Trainer, ISBN 978-3-9521442-6-8

1   Sie lesen Text 1 und teilen die Aussagen auf.

a   «market share decreased»

b   «sales of soft drinks dropped»

c   «sales of hamburgers remained stable»

2   Sie suchen zu JEDER Aussage ALLE Möglichkeiten.

a   Marktanteil sinkt   B, E, G

b   Getränkeumsatz sinkt   B, C, G, H

c   Hamburgerumsatz bleibt gleich B, F

3   Jetzt schauen Sie, welche Lösung allen gemeinsam ist,
     nämlich B. Wirklich keine Zauberei!

Machen wir das noch einmal!

1   Aussagen aufteilen

a   «equal number of hamburgers … sold»

b   «sales of soft drinks went up»

c   «market share improved»

2   ALLE Möglichkeiten bei JEDER Aussage

a   Hamburgerumsatz bleibt   B, F

b   Getränkeumsatz steigt   A, D, E, F

c   Marktanteil steigt   A, D, F, H

Aha. Es ist F. Ganz sicher.

Wissen
Bestimmen Sie immer alle Aussagen. NICHT AUFHÖREN, weil Sie
eine Lösung schon mal haben.
Man kann NIE wissen!
Vielleicht ist vorher ein Fehler
passiert. Nobody is perfect.

Tendenzen verstehen

Standardtest
BEC oder LAP/Diplomprüfung

peak
increase
decrease
reduce
fluctuate
remain steady
drop
recover
grow
fall
rise
level off
go up
go down
dip
remain stable
reach a high

147 Training Tendenzen verstehen und beschreiben

Wenn sie Texte über Trends verstehen wollen, hilft Ihnen das richtige Vokabular. Ordnen Sie die Wörter in der Randspalte der richtigen Darstellung zu. © Der Business-Communication-Trainer, ISBN 978-3-9521442-6-8

1

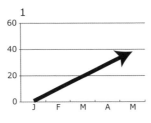

_____

_____

_____

2

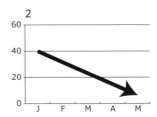

_____

_____

_____

3

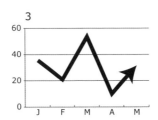

4

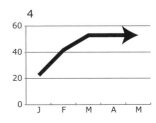

WISSEN
Weiteres Vokabular:
double   sich verdoppeln
exceed   übersteigen
low   Tiefpunkt
halve   (sich) halbieren

5

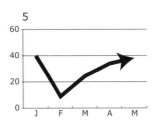

linke Hälfte _____

rechte Hälfte _____

6

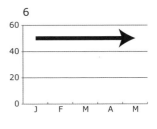

_____

_____

7

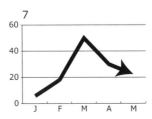

_____

_____

148 **Training Mengenvergleiche**

Lesen Sie die Box am Rand. Übersetzen Sie dann die
Mengenangaben.

1   gerade so viele wie _____

2   viermal mehr _____

3   eine 10-fache Menge _____

4   deutlich mehr als _____

5   30 bis 40 Millionen Pfund

   _____

5   1/3 mehr _____

6   30 Prozent weniger _____

7   halb so viele Leute _____

8   dreimal so viel wie _____

9   eine fünffache Steigerung

   _____

WISSEN

Das Adjektiv «x-fach» wird im
Englischen wie folgt ausgedrückt:
einfach single
doppelt double
dreifach triple
vierfach quadruple
fünffach five-fold
sechsfach six-fold
siebenfach seven-fold
und dann weiter mit
x-fold

149 **Einfach Tendenzen beschreiben**

Übersetzen Sie mit Hilfe der Ausdrücke am Rand die
folgenden Trendbeschreibungen.

1   Ein starker Anstieg von _____

2   Einkünfte sind gestiegen _____

   _____

3   Gewinne sind gesunken

   _____

4   Produktion wird erhöht

   _____

5   Kosten werden reduziert

   _____

6   Verkaufszahlen sind gleich geblieben

   _____

   _____

have risen
is raised
sharp increase
production
revenues
have remained stable
profits
are reduced
costs
sales figures
have fallen

Tendenzen verstehen

Standardtest
BEC oder
Diplomprüfung

 150 **Grafiken zuordnen**

Verkauf von Smartphones und Tablets von Januar bis Dezember.

Helle Linie   Verkäufe Smartphones

Dunkle Linie   Verkäufe Tablets

A
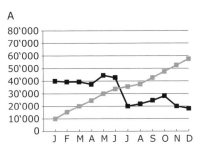

B
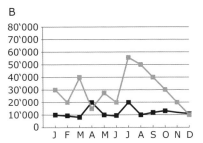

C
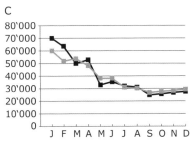

D
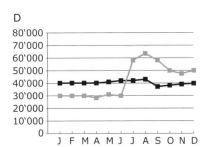

E
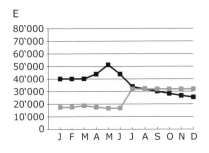

F
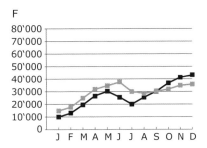

G
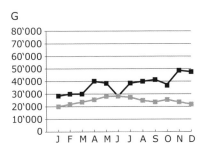

H
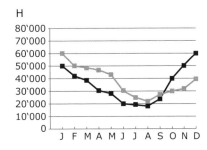

→ **Auf welche Grafik passen die folgenden Texte?**
Setzen Sie den passenden Buchstaben auf die Linie rechts.

1 Sales of smartphones went up dramatically in the middle
of the year, overtaking the sales of tablets, which never-
theless also increased a little in the last three months
following a slight dip.

        _____

2 While sales of smartphones fluctuated dramatically in the
first six months, the sales of tablets remained at a low level
throughout the year, rising only briefly above the sales of
smartphones.

        _____

3 The sales of tablets dropped sharply after the first six
months and did not recover to the high level they had been
at earlier. Sales of smartphones on the other hand increased
steadily and continuously.

        _____

4 The number of tablets sold increased more rapidly than the
sales of smartphones in the second half of the year after
the first half had initially shown a steady growth in sales
for both product groups.

        _____

5 After falling continuously for much of the year, both sales
of smartphones and tablets recovered. Sales of tablets
eventually exceeded those of smartphones.

        _____

Tendenzen verstehen

151 **Grafiken lesen und beschreiben**
Diese Graphik gibt Informationen über Ertrag, Warenverkäufe und Umsatz von Dienstleistungen während acht Monaten. Welchen Monat beschreibt jeder der fünf Sätze? Ordnen Sie jeden Satz einem Monat zu.

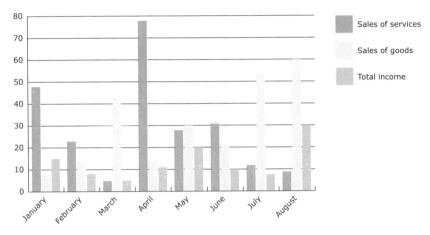

© 2017 Der Business-Communication-Trainer, ISBN 978-3-9521442-6-8

1 Sales of services peaked in this month, and the amount of total income doubled.   _____

2 Total income was up in comparison with the preceding months together with higher sales of goods, but sales of services fell slightly.   _____

3 There was a very small demand for services, and sales of goods increased three-fold compared to the months before.   _____

4 The amount of services decreased considerably on the previous month and total income reached a peak before dipping again, while the need for goods doubled.   _____

5 Total income dropped by 50%, and the turnover of services was reduced by 50%, too.   _____

Grafiken lesen und beschreiben
Umsatz einer Unternehmung in drei Ländern (in Mio Euro) und
Kurve des Aktienkurses während 10 Jahren.

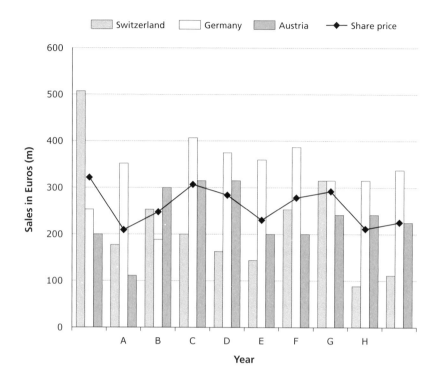

Standardtest
BEC oder
Diplomprüfung

1   Turnover in Germany and Switzerland increased, leading
     to a rise in the share price, even though sales in Austria
     were only as good as in the year before.   _____

2   Sales in Switzerland were lower than in the previous
     year, but sales in Austria went up slightly, and Germany
     surpassed the other two markets.   _____

3   Less was sold both in Switzerland and in Germany, where-
     as figures remained stable in Austria.   _____

4   Despite Germany and Austria remaining at their turnover
     level, the share price was lower because sales in Switzer-
     land fell sharply.   _____

5   Although Germany's turnover dropped, it reached a
     maximum so far in Austria, which affected the price of
     shares positively.   _____

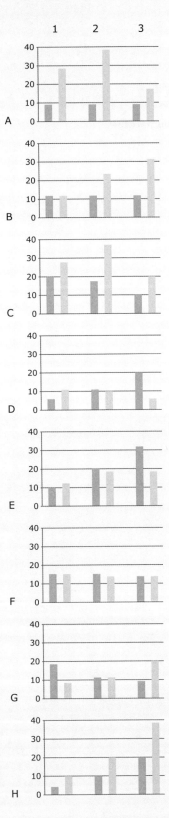

Erfolgstest Grafiken verstehen

In den Grafiken wird dargestellt, wie sich die Aufwendungen für Internetwerbung über drei Jahre zum Ertrag verhielten.

© Der Business-Communication-Trainer, ISBN 978-3-9521442-6-8

| Dunkle Säule | Internet expenditure |
| Helle Säule | Profit |

Schreiben Sie den Buchstaben der Grafik hier

1. The company benefited from a steady increase in profit during the three years despite an annual reduction in spending on the internet. _____

2. Profit fluctuated, reaching a peak in the middle of the period before dropping significantly, whereas spending on the internet remained steady throughout the three-year period. _____

3. Both expenses for internet activities and profits rose over the whole period with profits peaking at almost double the level of world-wide web expenditure. _____

4. Despite the fact that the amount of money invested in internet promotion went up year after year, profits only grew in the second year and then levelled off in the final year. _____

5. The company increased its spending on web activities annually. However, this effort did not produce positive results regarding profits, which gradually fell over the period. _____

→ Sie erhalten pro richtige Antwort 4 Punkte

Schlusstest

Diagnose & Erfolgskontrolle

Geordnet nach Kapiteln

1	**125** **Testen Sie sich.** Setzen Sie ein.
1 Gerne erkundige ich mich über	1 I am _____ to e_____ about
2 Ich möchte	2 I w_____
3 Ich bin besonders interessiert an	3 I am p_____
4 Könnten Sie mir bitte senden	4 C_____
5 Ich freue mich auf Ihre Antwort	5 I am _____ from you
6 Besten Dank für Ihre E-Mail	6 Th_____
7 Wir sind überzeugt, Sie werden	7 We _____ c_____
8 Bitte nehmen Sie, ohne zu zögern, Kontakt mit mir auf, falls	8 Please _____ _____
2	
9 Ich hoffe bald wieder zu hören	9 I _____ from you a_____ _____
10 Leider muss ich Ihnen mitteilen	10 I r_____ to _____
11 Mit Bezug auf Ihren Brief vom	11 W_____ your letter _____
12 Wir beziehen uns auf ihr E-Mail	12 F_____ to _____
13 Wir teilen Ihnen gerne mit	13 We are p_____
14 Gerne bestätige ich	14 I am _____ to _____
15 Wir möchten uns entschuldigen	15 We would _____ for
16 Wir schlagen vor, Sie	16 We _____
3	
17 Matley am Apparat	17 Andrew Matley _____
18 Wie kann ich behilflich sein?	18 _____ you?
19 Bleiben Sie bitte dran	19 P_____ ho____ the _____
20 Ich verbinde Sie mit ihr	20 I ___ p_____ her
21 Können Sie etwas ausrichten?	21 C____ I le_____
22 Ich möchte mich verabreden	22 i'm ca_____ to m_____ an _____
23 wenn das Ihnen gut passt	23 ___ this is _____ you
24 Könnten Sie das rückbestätigen	24 C_____ you pl_____ r _____ this
4	
25 Danke für Ihre baldige Antwort	25 _____ you _____ r_____
26 Darf ich Sie auch bitten	26 M_____ I al_____
27 Bitte informieren Sie mich	27 _____ I____ me _____
28 baldmöglichst	28 _____
29 einen 5% Rabatt gewähren	29 a_____ a _____
30 Lieferung erfolgt innert 7 Tagen	30 D_____ f_____ 7 days
31 Unsere Zahlungsbedingungen	31 Our _____
32 Die Zahlung ist fällig bis	32 P_____ is _____ 5 May.

33	We are _____		

33 We are _____

34 P_____ f_____

35 Please v_____ the _____

36 S_____ you _____ f_____ queries

37 We w_____

38 I r_____ ad _____

39 Our c_____ are a____ _____

40 I lo___ _____ to rec_____

41 the inc_____ this _____ cause you

42 I am sure you w_____ that

43 I am wr_____

44 F_____ of _____,

45 In _____,

46 To m_____ m_____ w_____,

47 We a_____ s_____ to l_____ that

48 r _ _ _ _ _ _ g

49 We w_____ th_____ app_____

50 Please a_____ ...

51 ... our s_____ a_____

52 Thank _____

53 D_____ had b_____ pro_____ by

54 If you wish to c_____ the _____

55 m_____ the r_____

56 I e_____ a _____

57 Please r_____ b__ r_____

58 We can only r_____ the c_____

59 We ho_____ to rec_____ an ex_____

60 I a_____ you we will deliver the goods by 1 April.

61 _____ you _____

62 Pl_____ n_____ that

63 We _____ to i_____

64 A_____ f____

65 This _____ f_____ us to

66 We re_____ to no_____ you

67 Pl_____ s____ h_____

9

68	Bitte begleichen Sie das Konto	68	Please s_____ the _____
69	bis spätestens am 16. September	69	____ 16 _____
70	Der noch ausstehende Betrag ist	70	The a_____ st_____ o_____ is
71	Die Zahlung ist jetzt überfällig	71	P_____ is now o_____
72	Mit Bezug auf unsere Mahnung	72	Fu_____ to our _____ of 26 April
73	weitere Umtriebe vermeiden	73	a_____ any f_____ i_____
74	Falls die Zahlung sich kreuzt	74	if p_____ has al_____ been s_____
75	eine Kopie der Rechnung	75	a co_____ of the (original) in_____
76	falls Sie nicht zahlen können	76	if you are u_____ to send p_____

10

77	Wir möchten Sie gerne einladen	77	We re_____ the ple_____ of your c_____
78	Gerne laden wir Sie ein	78	We ha_____ ple_____ in inv_____ you
79	welches stattfindet am	79	to b__ h_____ ____ 16 October
80	Wir bitten Sie um Teilnahme	80	Your pr_____ is re_____ at the ceremony of
81	Wir würden uns freuen	81	We w_____ be p_____
82	Ihre freundliche Einladung	82	Your k_____ i_____
83	welche wir gerne annehmen	83	wh_____ we are p_____ to a_____
84	Vielen Dank für	84	M_____ th_____ for your warm welcome

11

85	Vielleicht interessiert Sie	85	You m_____ be i_____ to see
86	Mit Vergnügen informieren wir	86	We are pr_ _ _ to an_____ our new line
87	eine erstaunliches Produkt	87	an a _ _ _ _ _ _ pro_____
88	ein Sonderrabatt von	88	a s_____ d_____ 10%
89	ist jetzt erhältlich	89	is _____
90	Verpassen Sie nicht	90	_____
91	diese aufregende Gelegenheit	91	this ex_____ o_____
92	einfach unglaubliche Preise	92	s_____

12

93	Mit Bezug auf Ihre Anzeige	93	W_____ r_____your _____
94	Gerne bewerbe ich mich um	94	I am wr_____
95	Wie Sie meinem ... entnehmen	95	_____ you can _____ f_____ my résumé
96	Ich suche eine neue Aufgabe	96	I am _____ a new c_____
97	Bitte prüfen Sie meine	97	Thank you _____ c_____ my application
98	nach dem Abschluss von	98	af_____ com_____ my apprenticeship
99	Ich spreche fließend Englisch	99	I am f_____
100	Gerne bieten wir Ihnen die Stelle an.	100	We are very _____ to o_____ you the pos_____.

101	D_____	13 101 Haben Sie einen Termin?
102	D_____	102 Hatten Sie einen guten Flug?
103	Will _____	103 Bleiben Sie lange hier?
104	I'm _____	104 Sie ist leider nicht abkömmlich
105	Make _____	105 Machen Sie sich's gemütlich
106	What's _____	106 Was ist auf dem Tagesplan?
107	What _____	107 Wie war die Messe?
108	I'll _____	108 Ich hole Sie um 9 ab.

109	My _____	14 109 Mein zweiter Punkt betrifft
110	L_____, ...	110 Zu guter Letzt
111	I'm _____	111 Zurzeit arbeite ich in
112	We _____	112 Wir haben eine Tochterfirma
113	We _____	113 Wir forschen und entwickeln
114	T_____	114 Umsatz und Ertrag stiegen
115	I'm in _____	115 Ich bin zuständig für
116	I re_____	116 Ich bin dem CEO unterstellt
117	st_____ and _____	117 direkt und einfach
118	an _____	118 eine ausgezeichnete Wahl

119	Sa_____	15 119 Die Verkäufe blieben gleich
120	O_____ m_____ f_____ s_____	120 Unser Marktanteil sank stark
121	It r_____ a p_____ in 2017	121 Es erreichte 2017 eine Spitze
122	P_____	122 Die Herstellung schwankte
123	E_____	123 Die Exporte erholten sich
124	C_____ h_____ d_____ ...	124 Kosten sind zurückgegangen
125	... whe_____ rev_____ have r_____.	125 ...wogegen die Einkünfte stiegen

Index